Ellas También

Historias de la gracia que ve, restaura y redime

Ellas También

Historias de la gracia que ve, restaura y redime

Por: Mario A. De Armas

Editorial VIVE

Primera edición, 2026

Publicado por:

Editorial VIVE

Racine, Wisconsin, USA

Diseño editorial: Mario A. De Armas

Corrección: Mario A. De Armas

Diseño de portada: Mario A. De Armas

ISBN: 979-8-9997712-3-0

DEDICATORIA

Este libro quiero dedicarlo a Tayami, mi compañera de vida, con quien he compartido los buenos y malos tiempos, con quien avanzamos juntos experimentando muchas de las cosas que veremos en estas historias.

También te lo dedico a ti, querido lector. Juntos compartiremos la vida de estas siete mujeres de la Biblia. Recorreremos el camino aprendiendo sobre ellas, pero sobre todo, de Aquel que hizo la diferencia en sus vidas.

Contenido

Introducción 1
Agar 3
Eva 19
Lea 33
Rahab 45
Rut 59
Ana 78
María 98

Introducción

El autobús se detuvo cuando un hombre, en medio del camino, le hizo señas.

—¿Es este el autobús de la escuela?

—Sí —respondió el conductor.

El hombre miró hacia el interior y preguntó:

—¿Quién es Malala?

Nadie dijo nada, pero algunas de las niñas la miraron. Era la única que no llevaba el rostro cubierto. El hombre sacó una pistola y disparó en tres ocasiones, hiriéndola en la cabeza.

Su crimen: Asistir a la escuela y defender que otras niñas también tuvieran educación.

Quisiera decirte que cosas como estas solo ocurren en un lejano valle de Pakistán, en otro tiempo, en otra cultura. Pero no es así. A lo largo de la historia la mujer ha sufrido mucho. Ha sido maltratada, muchas veces considerada como un objeto más o como alguien de menor valor. Sin embargo, esta no es la historia completa.

Desde el principio, Dios creó al hombre y a la mujer como iguales. Pero el pecado distorsionó esa igualdad, no Dios. Muchas veces la Biblia describe la existencia de una realidad rota en el mundo, una que trae dolor y sufrimiento. Pero describir no significa aprobar.

Dios no diseñó a la mujer para ser aplastada ni ignorada. Nada que degrade a una de sus criaturas cuenta con su aprobación. El sufrimiento no nace del corazón de Dios; nace del alejamiento del ser humano de Él. Y, aun así, en medio de un mundo desigual, Dios sigue obrando restauración.

La salvación no es solo perdón. Es recuperación de la dignidad. Es volver a recordar quiénes somos delante de Él.

En la Biblia encontramos mujeres comunes, heridas, olvidadas, rechazadas… y profundamente vistas por Dios. Mujeres que, en un mundo que las subestimaba, fueron llamadas, usadas para un propósito noble y también restauradas.

Este libro es una invitación a regresar al plan original de Dios, uno en el que todos somos verdaderamente valiosos, no por lo que podamos tener, sino por quienes somos.

Solo en Dios hay verdadera igualdad y valor.

En las próximas páginas recorreremos la vida de siete mujeres de la Biblia. Conoceremos sus nombres, vivencias, también sus luchas. Y, ¿por qué no? Lo que Dios hizo con ellas. ¿Mujeres extraordinarias? Tal vez. ¿Humanas? Sin duda. Sus historias nos recuerdan algo esencial: cuando el mundo no ve, Dios sí te ve. Y cuando Él mira, restaura.

CAPÍTULO 1

Agar

Tanto la época como el lugar en el que vives determinan, en gran medida, lo que sucede contigo: cómo vas a vestir, qué vas a comer, cómo vas a viajar y en qué casa vas a vivir. El lugar del mundo en el que estamos influye en muchos aspectos de nuestra vida.

Nuestras costumbres, nuestros valores, lo que comemos, la ropa que usamos —o incluso la ausencia de ella—, todo está influenciado por lo que llamamos cultura, que no es más que el conjunto de costumbres de un lugar determinado, que abarcan todos los aspectos de la vida y que son aprendidas de generaciones anteriores y del lugar donde estamos.

Cuando una familia emigra a otra parte del mundo ocurre lo que llamamos un choque cultural, que no es otra cosa que el encuentro entre culturas diferentes entre sí, y que puede afectar la forma de vestir, los valores o principios, la comida, así como las normas de lo que se considera bueno o malo.

Llegar a un país nuevo significa aprender un nuevo idioma, encontrarse con nuevas cosas. Algunas tal vez nos resulten familiares, mientras que otras son muy diferentes de aquello que conocemos. En fin, es todo un desafío; es como aprender a vivir de nuevo.

Si esto sucede hoy con las costumbres, imagina lo que sería viajar en el tiempo a una época y a una región distintas de la nuestra. ¿Cómo te sentirías viviendo en la Edad Media, sin internet, sin tecnología, bajo las reglas y costumbres de ese tiempo? Es cierto que el lugar del mundo en el que estés hoy va a afectar, un poco o mucho, la forma en la que vivirías. Pero en esencia todo sería diferente. Incluso los derechos que tienes como persona cambiarían. No se te ocurra salir a protestar contra el rey; quienes lo hacían no terminaban bien.

Y qué decir de ir aún más atrás en el tiempo y llegar al mundo antiguo. Encontraríamos muchas ideas que hoy nos parecerán extrañas o sin sentido alguno, pero que en aquel entonces tenían toda la lógica del mundo. Veríamos que las personas no necesariamente tenían trabajadores a quienes pagaran un salario, sino que podían tener esclavos (aunque este tema no se limita solo a la etapa antigua de la historia).

¿Te sentirías bien viviendo allí? Tal vez pienses que sí, si te imaginas siendo el rey o la reina. Pero ¿y si fueras un ciudadano común o un esclavo? Te aseguro que todo sería muy diferente y no lo disfrutarías en absoluto.

Viajemos imaginariamente en el tiempo. Nos situamos en la antigüedad, en la región del Medio Oriente. Llegamos a donde vive una familia muy rica, que posee siervos, siervas y mucho ganado. Es la familia de Abram. No tienen luz eléctrica ni tecnología, pero son felices con lo que conocen. El sol sale cada día para proveerles luz, y por la noche las estrellas brillan hermosas en el cielo. No viven bajo un gran estrés ni ansiedad. Dios los cuida; siempre lo ha hecho y los ha bendecido. Además, Dios tiene un plan para ellos, uno muy especial, así como lo tiene también para ti.

Por su parte, los siervos de Abram y Sarai —así se llamaba su esposa— eran, en cierto sentido privilegiados. Tal vez nos preguntemos cómo podían serlo en medio de su esclavitud, pero eran tratados con bondad. Si les hubiera tocado un dueño duro, muchos no habrían sobrevivido más allá de unos pocos años. Es cierto que eran siervos, pero vivían en una casa que los trataba bien, y solo eso ya era una bendición.

Hoy no lo vemos de esa manera, pero es importante recordar que las reglas cambian con el tiempo y el lugar. En ese momento, la sociedad aprobaba la esclavitud. Aunque hoy utilizamos la palabra "siervo" para que suene más suave a nuestros oídos.

La sociedad actual, al igual que la de toda época, cree que puede definir las reglas, determinar lo que es bueno o malo, lo que se acepta y lo que se rechaza. Lo cierto es que eso es lo que hace cada sociedad dentro de su área de influencia y en el tiempo en el que vive.

Podemos aprobar o rechazar esas costumbres. Pero las cosas que vamos a ver en esta historia eran aceptadas y aprobadas en aquel lugar y en aquel momento. Nada era ilegal ni considerado fuera de lugar o negativo. Cuando juzgamos, lo hacemos desde nuestro propio punto de vista, desde nuestra experiencia y desde las reglas que conocemos.

Pero para juzgar a una persona, primero necesitamos entenderla: pasar por lo que pasa y vivir como vive. Solo cuando sufrimos o disfrutamos de su experiencia, cuando hemos estado en sus zapatos, podemos comprender mejor. Por eso, antes de juzgar u opinar sobre si estás de acuerdo o no con lo que sucede en esta historia, recuerda utilizar el lente de la cultura de esa época, no el de la nuestra.

No podemos controlarlo todo

Existen cosas que podemos controlar o elegir. Si tenemos dos mudas de ropa, podemos decidir cuál usar, siempre que ambas estén disponibles. Pero hay cosas que no controlamos, que tampoco podemos escoger. No elegimos a nuestros padres ni a nuestra familia. No decidimos el lugar del mundo ni la época en la que nacemos. Nacemos donde nacemos y en el tiempo que nos toca. Pelear contra esto no cambia nada; está fuera de lo que podemos controlar.

Indudablemente, todo eso influye en quienes somos: cómo nos vemos, qué costumbres tenemos y qué idioma hablamos. Pero, a pesar de que no controlamos muchas de las cosas que nos suceden, siempre podemos decidir cómo ser o cómo reaccionar en medio de las circunstancias de la vida.

Muchos nacieron en ambientes inseguros, llenos de limitaciones, y aun así triunfaron en la vida. Su ejemplo nos recuerda que, aunque el contexto influye, lo que finalmente sucede con nosotros no está condicionado ni por ese ambiente ni por las limitaciones que tengamos, sino por aquello que decidimos ser y por cómo elegimos actuar.

Podemos tener limitaciones; todos las tenemos, de una forma u otra, pero allí están. No obstante, ellas no pueden impedirnos salir adelante y triunfar. Molestan, y mucho. Pero es posible avanzar a pesar de ellas, incluso, de aquellas que puedan aparecer en medio del camino.

Llegados a este punto, tenemos que preguntarnos: ¿qué significa triunfar? ¿Qué es tener éxito en la vida? Aquí no se trata de dinero, aunque muchos asocian el dinero con el éxito. Triunfar en la vida no depende del estado de nuestra economía. Por supuesto, el dinero puede darnos comodidades o lujos que de otra manera no tendríamos. Pero no necesariamente significa éxito. Esto va mucho más allá de lo que el dinero puede conseguir.

Triunfar en la vida significa ser feliz, tener una buena familia y estar rodeados de personas que realmente nos aman. Significa vivir en un lugar donde podamos ser nosotros mismos, donde fingir no sea necesario. Triunfar es vivir con propósito, poseer una vida que tenga sentido. Esto está al alcance de todos, aunque muchos a quienes consideramos exitosos en la vida, en realidad, carecen de todo eso.

No saber si las personas son amigables contigo por lo que pueden obtener de ti, o porque realmente son tus amigos, es fracaso. No éxito. No hay dinero del mundo que pueda comprar a un verdadero amigo. La amistad no está a la venta, porque cuando viene por interés no es amistad. Puedes conseguir que alguien ame tu dinero, pero ese dinero nunca podrá lograr que ese alguien te ame a ti. Amar no tiene que ver con lo que la persona amada posee, sino con quien es.

Las cosas más valiosas e importantes de la vida son gratuitas; las recibimos de Dios y tienen tanto valor que ni todo el dinero del mundo podría comprar una sola de ellas: amor, paz, felicidad, confianza, seguridad, vida. Son algunos ejemplos. No necesitas dinero para tener un propósito en la vida, solo necesitas a Dios.

No limites el triunfo solamente a cuestiones de economía. Aprecia lo que tienes, sé feliz y disfruta de cada bendición, porque en realidad estas son las cosas que dan sentido a la vida. Podemos estar un poco más cómodos o menos cómodos, pero nuestro verdadero éxito depende directamente de aquello que recibimos de Dios.

Nunca permitas que las circunstancias terminen definiendo quién eres, qué te sucede, cómo enfrentas la vida, cómo te ves a ti mismo o cómo ves a los demás. Recuerda: al final de todo, eres tú quien eliges en quién te conviertes.

La historia de hoy trata sobre una joven que tenía todo en contra, que no poseía nada, ni siquiera su libertad, pero que era alguien especial —como todos lo somos—. Dios le mostró cuán importante era, a pesar de que los seres humanos ni siquiera la tomaban en cuenta.

Esta es una historia de inspiración, pero, sobre todo, es la historia de un Dios que no actúa bajo las reglas humanas, sino que nos trata como valiosos, como lo más preciado del mundo. No importa lo que hagamos, la condición de nuestra vida o la consideración que otros tengan de nosotros: Dios siempre hace la diferencia. Él cambió la vida de esta joven, y lo hace también con cada uno de nosotros. Solo déjale llegar.

Los primeros años

Hace mucho, mucho tiempo, en una región lejana de donde vivimos, nació una niña a quien pusieron por nombre Agar. Su familia era pobre, pero ella los amaba con todo su corazón. Fueron años felices e inocentes los de su niñez, esa etapa hermosa de la vida en la que no nos preocupamos por nada y en la que nuestros padres parecen poder solucionarlo todo.

Cuando comenzamos a crecer nos damos cuenta de que las cosas no son tan simples. Pero mientras somos niños, todo parece bello. Esa inocencia, sin embargo, no dura para siempre. En los días de Agar, ser una niña no era una buena noticia. Las niñas no eran apreciadas; los padres deseaban varones. Ellos eran los que heredarían lo que la familia tuviera y también quienes mantendrían vivo el nombre familiar.

Las cosas no iban del todo bien en casa de Agar. Malas cosechas y deudas que se acumulaban; acreedores que no descansaban ni un solo día, buscando recuperar el dinero prestado. Finalmente, después de intentarlo todo, el padre de Agar tuvo que tomar una decisión: entregaría a su hija como esclava para así cubrir sus deudas.

El triste momento llegó. Unos extraños entraron en la casa y Agar, que estaba jugando, fue llamada al interior. Su madre, con lágrimas en los ojos, la abrazó. Agar no entendía nada. Esos hombres, a quienes nunca había visto, la tomaron del brazo con frialdad y comenzaron a sacarla de la casa. Algo no estaba bien. No sabía qué pasaba, pero sabía que algo no estaba bien.

Agar intentó soltarse, pero no hubo manera. No podía contra ellos. Tampoco su padre hizo nada. Solo inclinó la cabeza y dejó que se la llevaran.

La niña estaba destrozada. Su propia familia la había traicionado. Comprendió, de la manera más dura, que su vida había cambiado para siempre. Ahora era una esclava. No sabía mucho sobre lo que eso significaba. En su hogar eran pobres y no tenían esclavos. Pero había escuchado algo sobre ellos. Sabía que los esclavos no vivían mucho tiempo y que, siendo ella misma una, no tendría posibilidad alguna de formar su propia familia. Sería como un objeto más en la casa de sus amos.

La caminata es larga y penosa. Cada paso que da es uno más lejos de casa y uno más cerca de su sentencia. Finalmente llegan al mercado de esclavos. Ella es una niña; tiene potencial. Tal vez alguien dé bastante dinero por ella. Eso es lo que piensan sus captores.

Comienza la subasta y Agar es ofrecida en venta como si fuera un animal. No es que la apreciaran más que a uno. Ella era una niña, un ser humano. Pero en la vida muchas veces encontraremos personas que no nos tratan de acuerdo con el valor que tenemos, sino con el valor que deciden darnos.

No importa cómo te vean otros ni qué valor te da la sociedad en la que vives. Tú eres alguien muy importante. Eres un hijo, una hija de Dios, y eso te hace muy valioso. Tu valor no depende de lo que otros piensen de ti, sino del valor que Dios te ha dado.

Algo es tan valioso como lo que alguien esté dispuesto a pagar por ello. Lo que para unos puede ser inservible, para otros puede tener un valor incalculable. Y, si hablamos de valor, Dios te apreció tanto que entregó su propia vida por ti. Eso realmente te hace valioso. Nada se compara con lo que vales para Dios.

Esclavitud

Finalmente, después de varias ofertas, Agar es comprada por alguien. No se trata de cualquier persona, sino del encargado de los esclavos del faraón, el gobernante de Egipto. Ella crecerá en el palacio y servirá allí. No será una vida fácil, pero pudo haber sido todavía peor.

Pasan los años y Agar ahora es una jovencita. Por esos días, una familia proveniente de Canaán llega a Egipto. Ella no lo sabe, pero pronto su vida quedará ligada a la de esa familia. Al palacio llega una mujer, la esposa del hombre de Canaán. Quien, por miedo a que lo mataran, había dicho que era su hermana. Ella se llama Sarai, y Agar comienza a servirle. La están preparando para ser la esposa del faraón.

Pero algo ocurre: Dios interviene y el faraón descubre que Sarai es, en realidad, la esposa de Abram, así se llamaba el hombre de Canaán. En compensación por el daño causado, se les entregan animales y esclavos; entre ellos estaba la joven Agar.

Una vez más, las cosas comienzan a cambiar. Ya no es esclava en el palacio; ahora pertenece a Sarai y, junto con sus nuevos dueños, emprende un viaje de regreso a Canaán. Cada paso la aleja un poco más de todo lo que alguna vez llamó hogar.

Las cosas comienzan a complicarse. Egipto queda atrás, y con él, la última esperanza de volver a ver a su familia. Agar no puede hacer nada. No controla su vida. Es esclava, y los esclavos no eligen. Nadie les pregunta.

Después de atravesar el desierto, finalmente llegan al lugar donde Abram establecerá su campamento. Tiendas levantadas sobre el terreno, rebaños dispersos y un ritmo de vida marcado por el sol y las estaciones. Allí el tiempo transcurre lentamente, y la joven sigue creciendo en silencio. Los años han pasado desde que abandonara su hogar, Agar se ha convertido en una mujer, es la esclava personal de Sarai.

Hay cosas que hacemos en la vida de las que no nos sentimos orgullosos. Cosas que, si pudiéramos volver el tiempo atrás, cambiaríamos y haríamos de manera diferente. Todos podríamos hacer una lista de ellas. Para algunos sería mucho más larga, pero la realidad es que todos hemos cometido errores que desearíamos borrar. Dios perdona nuestros pecados, esos errores, y nos trata como si nunca los hubiéramos hecho. Eso se llama gracia: ser tratados como no merecemos serlo.

Podríamos pensar que los errores los cometerían otros: el padre de Agar, la misma Agar... pero no. Los errores de esta historia los comete la misma pareja que conocía a Dios y que debía mostrar, con su vida, lo que ocurre cuando caminamos con Él. Muchas veces, quienes mejor deberíamos actuar somos los que peor lo hacemos. Todos fallamos, todos cometemos errores. Nadie está libre de ellos. Tampoco Abram ni Sarai.

Durante su tiempo en la casa de Abram, Agar había estado aprendiendo acerca del Dios de sus amos. A diferencia de los dioses de Egipto, que eran muchos, Abram creía en un solo Dios: uno que tenía todo el poder y era creador de todo lo que existe. En contraste con los dioses egipcios, el Dios de Abram era bueno, se preocupaba por las personas y enseñaba a tratar bien a todos. Agar iba aprendiendo estas cosas poco a poco.

Pero un día, Sarai se levanta preocupada. Ya no puede tener hijos, y Dios les ha repetido muchas veces que tendrían uno. Sarai está cansada de esperar y comienza a dudar de que Dios realmente les vaya a dar un hijo. Así surge una idea en la mente. Ese día hablará con Abram para llevarla a cabo.

No todo lo que la sociedad acepta es bueno, aunque la mayoría lo apruebe

En la época en la que vivían, la sociedad aceptaba una práctica que hoy nos resulta difícil de comprender. Cuando una mujer no podía tener hijos y poseía una esclava, podía entregársela a su marido con el fin de obtener descendencia a través de ella. Si la esclava quedaba embarazada, al momento de dar a luz, lo hacía sobre las rodillas de su dueña. Ese gesto no era casual: representaba que ese hijo no pertenecía a la esclava, sino a la mujer libre.

De esta manera, la sociedad reconocía legalmente al bebé como hijo de la dueña y no de su madre biológica: la esclava. Era una forma de adopción forzada, pero también una negación del vínculo natural entre la esclava y su propio hijo. A ella no solo le habían utilizado su propio cuerpo, sino que se le había arrebatado el derecho de ser madre, aunque se le podía convertir en la nodriza del bebé para que lo cuidara.

Hoy muchos se escandalizarían con esta práctica, pero en aquel momento era considerada legal y socialmente aceptada. La Biblia no la presenta como algo bueno, solo la menciona como una descripción de la realidad de ese tiempo.

En cada época, las sociedades han tenido sus propias reglas sobre lo que consideran aceptable o no. Lo cierto es que ninguna sociedad tiene el poder de definir lo que es bueno o malo, aun cuando lo intente. Solo Dios tiene autoridad para determinarlo.

Volviendo al punto en el que habíamos dejado la historia, con esta posibilidad en mente, Sarai piensa que podría llegar a tener el hijo que, durante tanto tiempo, Dios les ha prometido y que todavía esperaban. Tal vez ella ya no pudiera, pero su sierva era joven; ella sí podía tenerlo.

Había muchas siervas en la casa de Abram. Agar no era la única opción. Pero pongámonos por un instante en el lugar de Sarai. Si fueras a elegir una sierva para que tu esposo tuviera un hijo con ella, ¿a cuál escogerías? ¿A la más bonita? ¿A aquella en la que vieras mayores posibilidades de que pudiera enamorarse de Abram? No. La escogida sería una que no tuviera ningún tipo de sentimientos ocultos hacia su amo. Sarai no pondría en peligro su matrimonio para tener un hijo; no llegaba a tanto.

Tomó un tiempo de observación antes de elegir la candidata ideal: joven, pero sin ningún interés en Abram. Agar fue la elegida y la decisión comunicada. Abram, un hombre de ochenta y seis años, quien todavía viviría noventa años más, no puso ningún tipo de objeción a la idea de su esposa. No es que estuviera interesado en Agar, pero no le desagradaba la idea de tener un hijo con una mujer joven. Podría haber dicho que no, pero no lo hizo.

Agar no tenía opción. Nadie le preguntó. Solo le indicaron que entrara a la tienda de su amo para servirle. Hoy a eso lo llamaríamos violación. En ese tiempo no; era socialmente aceptado. Y, aun así, muchos insisten todavía en decir que la sociedad tiene autoridad para definir lo que es bueno y lo que es malo.

¿Cuántas veces fue violada Agar? No lo sabemos. No poder decir "no" nunca significó aprobación. Pero ¿qué podía hacer ella? Nada. Su amo no era el joven con el que había soñado casarse algún día. No le atraía físicamente, pero como esclava estaba sometida a todo lo que sus dueños decidieran hacer con ella, incluyendo esto.

En este punto vuelvo a repetirlo: fue un error de Abram y Sarai. No fue aprobado por Dios, aunque sí por la sociedad en la que vivían.

Una vez más vuelvo a mencionarte que el hecho de que Dios no impida que algo suceda no significa que esté de acuerdo con ello. La Biblia está llena de ejemplos de cosas que ocurrieron y que se mencionan porque sucedieron, pero que nunca fueron el deseo de Dios ni mucho menos contaron con su aprobación. Este es uno de esos casos. Esta historia no está para resaltar una supuesta aprobación divina, sino para recordar que todos cometemos errores y que nuestras decisiones traen consecuencias que pueden extenderse mucho tiempo después.

Alguien dijo una vez que, si la vida te da limones, hagas limonada con ellos. Agar ha sufrido al ser obligada a convertirse en una "madre sustituta" para Sarai. Ahora, al verse embarazada, ella sabe que es muy valiosa y que tiene una ventaja sobre su dueña.

De esta manera, utiliza lo único que tiene a su alcance para expresar lo que siente hacia Sarai: comienza a mirarla con desprecio. En ese vientre, que crece día tras día, se encuentra el hijo de su amo, un recordatorio constante de que ella tiene algo que su dueña no puede tener: un hijo.

Nunca respondas una mala acción con otra mala acción. Eso no te hace vencedor; te convierte en la copia de quien te ha hecho sufrir. El rencor y la amargura son los que nos impulsan a vengarnos, a devolver un mal con otro mal, a pagar con la misma moneda. Pero esto, en lugar de sanar la herida, la abre más, la infecta y nos deja peor que antes. Para que una herida sane se necesita perdón, no rencor. Y perdonar significa devolver un mal con un bien, un momento duro con uno de bondad.

Actuar de esta manera demuestra que eres diferente. Que no desciendes al terreno de tu agresor. Que no serás como él. Que puedes salir adelante y que las heridas que te causaron han sanado y te han hecho más fuerte que antes. Pero perdonar no es algo natural en el ser humano. Solo es posible en Dios. Cuando Él nos transforma, nos sana y nos concede su perdón.

Podríamos pensar que Agar tenía razones para comportarse así con Sarai, pero nada justifica el mal. No podemos controlar las decisiones de otros, pero sí somos responsables de las nuestras. Cada uno elige cómo actuar, y esa decisión nos define. Una vez más te lo digo: responder a un mal con otro mal no es hacer justicia, es convertirnos en aquello que decidimos rechazar.

Agar no actuaba bien al burlarse de su dueña estéril. Sarai la había tratado con crueldad, y ahora ella devolvía ese daño donde más dolía, en el único punto débil que había encontrado en su dueña. Pero esto no era un acto de justicia; era igualdad de corazón, no en lo bueno, sino en el mal.

Sarai, la autora intelectual de todo este drama, ahora se queja con Abram. Le reclama que le haya entregado a Agar y que, a cambio, solo ha recibido el desprecio abierto de esta. Un desprecio tan evidente que no solo los demás siervos lo notan, sino que Sarai misma ha percibido con claridad. En un instante, todo parece venírsele encima. Su posición como dueña y señora de la casa comienza a tambalearse, su imagen queda manchada y el deshonor de su esterilidad resalta más que nunca.

Todo lo que hacemos para "ayudar" a Dios termina mal. Él no necesita nuestra ayuda; solo pide nuestra confianza. Otra habría sido la historia, no solo de esta familia, sino también del mundo, si Abram y Sarai hubieran confiado en Dios y esperado su tiempo. Pero aquí comienzan a verse las consecuencias. Quien primero cedió a la tentación de la duda es ahora quien primero sufre sus efectos. Así actúa el pecado.

Abram le recuerda a Sarai que Agar es su esclava y le da autorización para hacer con ella lo que desee. No quiere crear un conflicto mayor del que ya existe. Si tiene que elegir, elige a su esposa.

La reacción no se hace esperar. Sarai comienza a maltratar a Agar. Ya no le importa que ese fuera el hijo que pensaba adoptar como suyo; ahora es el hijo de la esclava. Qué rápido cambian las cosas. Apenas ayer, esa era su esperanza de tener un hijo.

El maltrato recibido fue tan intenso que Agar no pudo soportarlo más y huyó de allí. No importaba que estuviera embarazada ni que el terreno a su alrededor fuera desértico, donde encontrar agua y alimento sería extremadamente difícil. A pesar de no tener a dónde ir, ni saber si lograría sobrevivir, Agar toma la decisión de huir. "Si me quedo, voy a morir", razonaba. Al menos intentaría sobrevivir donde fuera; eso era lo único que aún le quedaba.

Podemos comenzar a juzgar a Agar llegados a este punto. "Era mejor quedarse", podría decir alguno. Otros, tal vez, la apoyarían en su huida. Juzgamos con facilidad y aconsejamos con rapidez cuando estamos fuera de la situación. Pero cuando el problema lo vivimos nosotros, cada decisión que tomamos tiene un peso enorme.

Agar toma una decisión desesperada para intentar resolver una situación desesperada. En ese momento no necesita una opinión sobre si hizo bien o mal; lo que necesita es comprensión. Y esa comprensión escasea hoy.

Ponernos en el lugar de los demás, comprender lo que están pasando, compartir su dolor y sus sentimientos nos hace vulnerables a nosotros también. Por eso preferimos opinar desde afuera y ayudar a la distancia.

Llorar con el que llora y reír con el que ríe implica involucrarse, estar dentro, y eso nos puede herir. Es así como, intentando mantener distancia, el mundo se ha llenado de personas que pueden ayudar, pero que no sienten; que hacen algo, pero que permanecen fuera.

La empatía, la cercanía y el compartir las cargas es algo poco común hoy. Queremos llegar al corazón de las personas, pero eso solo sucede cuando también involucramos el nuestro. Dar de corazón y servir con amor es lo que hizo Jesús.

Dios no se limitó a aconsejarnos desde el cielo ni a darnos una que otra recomendación. Vino a este mundo. Se hizo uno de nosotros. Sufrió nuestros problemas. Cargó con nuestros dolores y dio su vida por nosotros. Ese nivel de empatía, esa comprensión profunda del dolor humano es lo que hoy escasea.

Mirando las cosas fríamente, podemos ver a Agar como una esclava rebelde que huye de su dueña, pero olvidamos a la niña arrancada de sus padres, a la mujer que no tenía derecho ni siquiera sobre sí misma. Olvidamos al ser humano. Y así resulta más fácil permanecer fuera.

La fuga había sido un éxito, si es que puede llamarse así. Más que un escape, parecía que simplemente la habían dejado ir. Al día siguiente, Agar no aparecía por ningún lado. ¿Alguien salió a buscarla? No parece que lo hayan hecho. No se menciona nada sobre una búsqueda. Todo indicaba que era mejor así, que desapareciera como si nunca hubiera existido. Nadie la extrañó; de hecho, algunos se alegraron de su ausencia.

Cuando se pierde algo valioso, se lo busca hasta encontrarlo. Si alguien salió a buscarla, no lo hizo por mucho tiempo. Una mujer embarazada no puede avanzar con tanta rapidez. La realidad era que las cosas parecían estar mejor sin Agar en el campamento.

Es duro desaparecer y que nadie salga a buscarte, que las personas parezcan no notar tu ausencia. Es terrible sentir que el mundo incluso parezca mejor sin ti. Pero la realidad es esta: tal vez nadie parezca notarte, pero hay alguien que sí te ve. Alguien que vio a Agar, que no solo la vio marcharse, sino que conocía lo que sentía. Alguien que salió a buscarla, porque solo se busca aquello que es verdaderamente valioso para nosotros.

En medio del desierto, agotada y sin fuerzas, Agar llega a un manantial. El agua brota silenciosa entre la arena ardiente, como un suspiro en medio de la nada. Allí se detiene. Se sienta. El silencio es profundo. Sus pensamientos se agolpan en su cabeza: piensa en el pasado que ha dejado atrás, el hijo que crece en su vientre. Piensa también en el futuro, qué será de ambos. Qué debe hacer, en qué dirección debe ir.

De pronto ve a un personaje del que no sabe de dónde ha salido. Simplemente está allí. El hombre se acerca. No hay reproche en su voz ni amenaza alguna. Solo hace una pregunta que la estremece por dentro, como si aquel extraño conociera toda su historia: "Agar, sierva de Sarai, ¿de dónde vienes y a dónde vas?"[1]

¿Cómo es que este hombre sabe su nombre? Agar está hablando con un ángel de Dios. Nadie de la casa de Abraham había salido a buscarla, pero Dios sí se tomó el tiempo para hacerlo. Agar podía ser la esclava de Sarai, pero ella también era hija de Dios.

Nadie sabía dónde estaba, pero Dios sí. Él sabe dónde estás tú, todo lo que sientes y todo lo que has pasado. Tal vez no lo hayas notado hasta ahora, pero Dios siempre te ha estado viendo.

No era común que a un esclavo se le llamara por su nombre. El nombre es una de las cosas más hermosas que alguien puede escuchar. Te identifica, te reconoce como persona. No eres uno más, no eres un número: eres alguien, tienes nombre.

Agar no conocía a Dios. Lo que había aprendido de Él había sido a través de sus dueños, quienes la habían usado y maltratado hasta el punto de que ahora era una esclava que huía por su vida. Otros la habían dejado ir. Pero Dios no. Agar era demasiado importante para Él como para dejarla ir. Por eso salió a buscarla. Nadie más lo hizo. Solo Dios.

---

[1] Génesis 16:8

El ángel continúa hablando y le pide que regrese con su dueña y se someta a su autoridad. Pero junto con esa instrucción también le entrega una promesa: su descendencia sería tan numerosa que no se podría contar. Por último, le confirma que está embarazada de un niño, a quien deberá llamar Ismael, porque Dios ha escuchado su aflicción.

Dios le pide a Agar tres cosas. La primera es que regrese y se someta a la autoridad de Sarai. Podríamos preguntarnos por qué Dios la envía de vuelta al lugar donde habían sido maltratada. Sin embargo, al continuar la historia, notamos que no vuelve a mencionarse que Agar sea maltratada por Sarai nuevamente.

Dios también le da seguridad a Agar. Él nunca te pide que hagas algo sin darte primero la promesa de que estará contigo. Incluso le ha dado el nombre del niño: Ismael. No es Abraham quien pondrá nombre al muchacho; será Agar quien lo llame Ismael, un nombre que significa "Dios escucha".

Agar cumple su parte, y Dios también cumple la suya: la cuida.

Otra cosa para tomar en cuenta: ni la libertad ni la felicidad dependen de las circunstancias que nos rodean, sino de la presencia de Dios en nuestra vida. Una persona en una cárcel puede ser más libre que otra que se encuentre fuera de ella. Alguien que vive en la miseria puede ser feliz, mientras que otro, que tiene todo el dinero que puedas imaginar, no lo es. Son las paradojas de la vida. La diferencia la hace Dios. Agar no necesita un certificado de libertad para sentirse libre, valiosa y feliz. Dios es quien hace que sientas que eres importante, es quien da alegría a tu vida. Cuando tienes a Dios, tienes todo lo que necesitas.

Finalmente, Agar regresa con Sarai. Pero no vuelve sola, y no porque esté embarazada, sino porque ahora regresa con Dios. Sabe que ya no está más sola en la vida, que no tiene que luchar a la desesperada, porque Dios ha escuchado su aflicción. Cada vez que Agar llama a su hijo y pronuncia el nombre Ismael, aquella escena en el desierto vuelve a su mente. Pero, sobre todo, ese nombre le recuerda una verdad que ya nadie puede arrebatarle: Dios ha escuchado.

Mientras aún se encontraba junto al manantial en el desierto, Agar descubre al Dios que nunca había conocido. Allí aprende de Él lo que no había aprendido durante todo el tiempo que había estado en la casa de Abraham. "Entonces Agar llamó al Señor que le había hablado: 'Tú eres el Dios que me ve'."[1]

Qué visión tan cercana de Dios. No se refiere a Él como un Dios lejano que habita en el cielo, sino como el Dios que me ve, el que sabe quién soy, el que ha escuchado mi aflicción, el que me ha llamado por mi nombre, el que se interesa por mí.

Es el Dios que ve mis lágrimas cuando nadie más parece verlas. El que conoce cómo me siento y quién soy. El que sale a buscarme cuando nadie más lo hace. El que me ama, el que se preocupa por mí.

Es el Dios que me da un futuro, el que asegura: "Yo te he escuchado, he visto tu aflicción". Es Aquel quien, cuando nadie veía el dolor de Agar, lo había visto. Cuando nadie la vio huir, Él lo notó y la siguió por el camino.

Agar es un mensaje de Dios para nosotros.

Cuando te encuentres en el desierto de la vida, huyendo de los maltratos que has recibido; cuando no sepas a dónde ir ni cuánto más podrás resistir; cuando el futuro parezca oscuro y sientas que no le importas a nadie, que nadie ve tus lágrimas ni comprende tu dolor…

Cuando sientas que todo está perdido, que los demás no ven lo que estás pasando, que tu historia parece invisible…

Recuerda esto:

Dios te ve… Dios te ve.

[1] Génesis 16:13

CAPÍTULO 2

Eva

Todos tenemos una opinión; no siempre la compartimos, pero la tenemos. Opinamos sobre las cosas, sobre la vida, sobre ideas y personas. Sobre todo. Podemos estar acertados o equivocados, pero tenemos nuestra propia visión de la realidad. Nos formamos una opinión de cada persona que vemos o que conocemos y también de aquellas sobre las que leemos. A veces resulta interesante saber lo que otros piensan de alguien, qué opinan de esto o de aquello y encontramos ideas muy llamativas. Lo cierto es que también la gente opina de nosotros.

¿Cómo me gustaría que me recordaran? ¿Qué opinión me gustaría que la gente tuviera de mí? En gran medida, lo que hacemos, cómo tratamos a otros y las decisiones que tomamos influyen en esa idea que la gente se forma de nosotros. A todos nos gustaría que esas ideas u opiniones fueran siempre positivas, pero no siempre sucede así. Una de las primeras cosas que necesitamos tener claras en la vida es que no todos van a pensar bien de nosotros. No le vamos a caer bien a todos.

Cada persona elige cómo se siente con respecto a nosotros a partir de lo que ha visto, de la experiencia que haya tenido y de la relación que exista entre ambos; pero, sobre todo, en base a los valores y principios que poseemos. Esos valores nos colocan en dos bandos simples: personas buenas y personas malvadas. Podríamos identificar muchos matices entre estos dos grupos, de tal manera que parecieran existir muchos bandos, cuando en realidad solo hay dos.

Todos, en algún momento, nos comportamos de acuerdo con lo que hacen los integrantes de uno u otro de estos grupos. Acciones puntuales pueden señalar errores cometidos o actitudes contrarias a lo que en realidad somos, pero nuestra tendencia —lo que valoramos, lo que normalmente elegimos y hacemos— es lo que termina definiendo quiénes somos.

Nunca le vamos a caer bien a todos, pero asegúrate de que la gente que se siente bien contigo sea gente buena, porque cuando los malvados sonríen, algo malo está sucediendo.

Es una tendencia nuestra señalar y recordar a los demás en base a los errores que han cometido, mientras deseamos que otros olviden los nuestros y no los tengan en cuenta. Así somos; no está bien, pero así actuamos.

Ninguno de nosotros tendría esperanza si nuestro futuro se definiera en base a la ausencia de errores. Pero cuando todo parece perdido, Dios entra en escena y cambia el final de la historia. Por eso, a pesar de esos errores y de las malas decisiones que tomamos en la vida, tenemos segundas y terceras oportunidades, que necesitamos valorar.

La historia de la mujer, que hoy será nuestra protagonista, nos enseñará muchas lecciones. Especialmente cuando hablamos de nuestras caídas y de nuestros errores. Muchas veces la culpamos de nuestros dolores, incluso de nuestros defectos, de todos nuestros males. Sin embargo, ella fue perdonada por Dios, aunque no por muchos de nosotros.

A veces olvidamos también que ella cometió un error, uno de tantos que nosotros cometemos. No tenía necesidad de hacerlo; nada justifica lo que hizo. El pecado no tiene excusa, aunque, cuando lo cometemos nosotros intentemos excusarnos o culpar a otros.

Con la historia de este capítulo nos introduciremos en el problema del pecado, en los resultados de las decisiones que tomamos y, sobre todo, en la manera en que Dios trata al pecador, en cómo nos trata a todos. Comencemos…

La tierra era hermosa, recién creada por Dios. Ni una sola mancha existía en ella; todo era bueno, tan bueno que era perfecto. Al terminar lo que había hecho, Dios creó al ser humano y le regaló el mundo que había sido preparado para él. La pareja, el hombre y la mujer, disfrutaba de la vida que habían recibido. Todo era bendición, armonía, paz y felicidad mientras vivieron unidos a Dios.

Hoy vemos que el mundo no tiene nada de perfecto. Algo cambió en él, y esta historia nos llevará a descubrir qué sucedió.

Dentro de los principios del gobierno de Dios se encuentra la libertad. Dios no creó al ser humano como alguien obligado a obedecer, sino como alguien capaz de elegir. El ser humano podía amar a Dios y hacerlo el centro de su vida, o rechazarlo y sacarlo de ella.

Esa libertad hacía posible el verdadero amor, pero también abría una puerta a la desobediencia. Y fue precisamente allí, en el uso de esa libertad, donde comenzó la caída.

Todos tomamos decisiones cada día, y estas tienen consecuencias. Algunas llegan de inmediato; otras, con el tiempo. Pero siempre llegan.

Pongamos un ejemplo: Decides comenzar a comer comida poco saludable: alimentos ultra procesados, llenos de grasas y de azúcar; en el momento saben muy bien, pero con el tiempo tu salud termina deteriorada y tú con sobrepeso u obesidad. No subes veinte libras con la primera mordida, las consecuencias demoran un poco. Pero, si sigues así, las veinte, las cincuenta y más... llegarán.

Lo mismo sucede cuando decides luchar por mejorar tu salud. Muchos intentan tomar "atajos" y terminan más enfermos que antes o poniendo en peligro su vida. Comienzas a hacer ejercicio, cambias tu dieta y, tal vez, en el momento no veas que tu salud mejora. Pero insistes y perseveras, poco a poco, tu estado físico mejora. Los resultados de tu decisión comienzan a verse.

Caminando en el jardín

La pareja recién creada por Dios se deleitaba de las maravillas del jardín que Él les había preparado para vivir. Era deslumbrante, maravilloso, imponente. Ni el más bello de los paisajes de hoy se asemeja, ni de lejos, a la maravilla que Dios había creado. Había todo tipo de frutas, árboles y animales amistosos que convivían en armonía. Hoy no existe nada con lo que podamos comparar semejante belleza: una perfección total.

En medio del jardín, Dios había puesto dos árboles que serían vitales para el ejercicio de una libertad real. Uno de ellos era el árbol de la vida, que simbolizaba elegir a Dios. Comer de este árbol prolongaba la existencia y recordaba que solo en Dios tenemos vida.

Junto al árbol de la vida se encontraba otro árbol: el del conocimiento del bien y del mal. Su nombre lo indicaba todo, porque implicaba conocer el mal. Dios había advertido a la pareja que no tocara ese árbol ni comiera de su fruto, porque el día que lo hicieran morirían.

También habían sido advertidos de que uno de los ángeles se había rebelado contra Dios, y que tendría acceso a ellos e intentaría convencerlos de unirse a su rebelión. Mientras no se acercaran a este árbol prohibido, estarían seguros. Tenían todo lo que necesitaban para ser felices; de hecho, lo eran.

Todos los días, en medio del jardín, existía una decisión que ambos tomaban: elegir a Dios o rechazarlo. Cada vez que elegían comer del árbol de la vida, el hombre y la mujer confirmaban su amor y fidelidad por quien les había creado y llenado de bendiciones. La prueba no duraría para siempre, sino solo hasta que su decisión final estuviera plenamente tomada.

Un día, mientras caminaban por el jardín, sin darse cuenta, la mujer se separó del hombre y continuó andando por el Edén.

La historia bíblica introduce entonces un nuevo personaje en la escena: la serpiente. Uno de los animales que Dios había creado se encontraba en el árbol prohibido. La mujer avanzaba entretenida, observaba los frutos y pensaba en acomodar las ramas de un árbol de una manera diferente. Sin darse cuenta ahora estaba en medio del jardín.

De pronto, una voz clara interrumpe sus pensamientos. Alguien le ha hablado, pero no es Adán, él no está con ella. Tampoco ha sido Dios. Mira a su alrededor y solo ve a una serpiente que se encuentra en el árbol prohibido. Entonces escucha una pregunta:

"¿Así que Dios les ha dicho que no coman de ningún árbol del huerto?"[1]

¿Cómo es que la serpiente habla? Los animales no hablan. Es cierto, los animales no hablan. Pero allí estaba hablando alguien que había llegado de una manera inesperada, encubierta.

Aquel ángel rebelde, de quien habían sido advertidos, estaba utilizando la serpiente para conversar, de modo que no despertara ninguna sospecha y así intentar conseguir su objetivo: que el ser humano se uniera a él en su rebelión contra Dios y, sobre todo, conseguir la ruina de la raza humana y de esta tierra.

La pregunta parece inofensiva, pero contiene un punto muy importante: introduce el tema de comer algo. No parece clave ahora, pero pronto lo será, y mucho. Aparentemente la serpiente está desinformada y necesita que alguien le explique lo que realmente Dios había dicho. La mujer decide ayudarla: su peor error.

Mucho cuidado cuando hablas con el engañador. De hecho, el mejor consejo es no hablar, sino salir de ahí tan rápido como sea posible. Hay cosas que no necesitas aclarar a quien no está confundido, aun cuando pretenda mostrar interés por el tema en cuestión. Con Satanás —el engañador— no se habla.

Pero la mujer no se da cuenta de la trampa que le están tendiendo, así que responde a la pregunta con una declaración correcta: "Nosotros podemos comer de todos los árboles del huerto, pero del árbol que está en

---

[1] Génesis 3:1

medio del jardín no. Dios nos dijo que no comiéramos de él ni lo tocáramos; porque si lo hacemos, moriremos."[1]

La respuesta no se hizo esperar. La serpiente le contestó: "¡No es cierto! No van a morir. El problema es que Dios sabe que, si comen de este árbol, se les abrirán los ojos y llegarán a ser como Dios, conociendo el bien y el mal."[2] Resulta interesante que quien parecía confundida un instante antes ahora se muestre tan segura de lo que dice.

¿Qué está pasando? La serpiente está acusando ahora a Dios, primero, de mentir sobre las consecuencias de comer y, segundo, de ser malvado y egoísta al no permitir que el ser humano sea como Él.

Con esta simple declaración le promete a la mujer que puede saltar los límites que Dios le ha puesto, de manera egoísta, y llegar a ser como Dios mismo. Todo el poder —según la serpiente— está precisamente en el fruto que les ha sido prohibido comer.

Detengámonos aquí por un momento. El engaño del pecado es un círculo vicioso; se centra en nuestra ignorancia mientras que nos hace ignorantes desde el momento en el que comenzamos a aceptar ese engaño.

La mujer fue convencida de que no era sabia, pero que podía llegar a ser como Dios. En realidad, tanto el hombre como la mujer ya eran sabios y llevaban la imagen de Dios, pues reflejaban su carácter, ya habían sido creados así. Sin embargo, ella ahora comienza a dudar de que realmente las cosas fueran como Dios había dicho y se enfoca en algo que la serpiente sugería que "podía tener" —el poder de Dios— algo que no le correspondía.

El siguiente paso en el pecado es la ceguera, no física, sino mental o espiritual. Nos hace dejar de ver y razonar. En este momento la mujer comienza realmente a pensar que puede llegar a tener el poder de Dios. Pero la ignorancia no convierte nuestra percepción en realidad; simplemente evidencia cómo el pecado distorsiona nuestra mente y nos hace creer como verdad lo que no es cierto.

---

[1] Génesis 3:3

[2] Génesis 3:4-5

Cuando dejamos de ver la realidad, tal y como Dios la ha establecido, comenzamos a tomar decisiones basadas en una mentira. Así sucedió con la mujer. Convencida de que el fruto le daría algo que no tenía, comenzó a desearlo. La mentira fue aceptada como verdad, y a partir de ahí, la decisión dejó de apoyarse en lo que Dios había dicho para hacerlo en lo que la serpiente decía.

Aquello que imaginamos no es la realidad, a menos que coincida con ella.

La verdad y la mentira no se definen por el porcentaje de quienes las aceptan o las rechazan, no es una cuestión de democracia, sino un asunto de ser. La verdad no está determinada por la opinión; es verdad por lo que es. Por su parte, la mentira no es mentira porque la mayoría lo decida así, es mentira por lo que es. Puedes engañar a mucha gente, pero ese engaño no se convierte en realidad solo porque otros crean que lo es.

Muchos son estafados hoy con promesas maravillosas. Les dibujan un sueño irrechazable, presentado como la solución a todos sus problemas. Desean con todo corazón que lo que escuchan sea verdad y dan todo lo que tienen por ello, pero eso no cambia la realidad. Han sido engañados, estafados, y lo pierden todo. Eso mismo sucedió en esta historia.

Aquí ocurre el acontecimiento más triste de todos, el que marcó un antes y un después. El que transformó un mundo perfecto en la miseria que conocemos hoy. La mujer vio que el fruto era deseable para comer y atractivo para alcanzar la sabiduría, y comió de él. También le dio a su esposo, quien comió igualmente, y así entró el pecado en el mundo.

Como mencionamos hace un instante: Por mucho que creas una mentira, por más que la atesores con todo tu corazón, no dejará de ser mentira para convertirse en verdad.

No existe tal cosa como “mi verdad” o “tu verdad”. Hay verdad o mentira, realidad o imaginación. Desear ser como Dios no convirtió a la mujer en una diosa; sucedió todo lo contrario: se degradó. El ser perfecto que Dios había creado quedó deformado hasta llegar a lo que hoy somos.

El que hasta entonces fuera un carácter sin mancha se transformó en lo que hoy vemos en el ser humano.

Lo único que consiguió la mujer al creer a Satanás fue confirmar la veracidad de lo que Dios les había advertido: que morirían si comían del fruto, algo que no necesitaban sufrir, pero que ahora, por su propia elección, se había convertido en la realidad del ser humano hasta el día de hoy. No era necesario que pasara así, pero las decisiones que tomamos traen consecuencias.

La realidad del pecado es muy diferente a lo que profesa ser

Hablemos más de la verdad y la mentira. No son fabricación humana; están por encima de nosotros. Son dos principios opuestos. La verdad procede de Dios, la mentira es lo contrario y surge de la ausencia de Dios. Lo mismo ocurre con el amor, con la bondad y la vida: quitas a Dios y te quedas con egoísmo, con odio, con muerte. Eso es lo que llamamos pecado.

El pecado intenta eliminar a Dios mientras promete darte precisamente aquello que te quita. Promete libertad y entrega esclavitud; promete salud y produce enfermedad; promete vida y el resultado es muerte; promete sueños realizados y hace de tu vida una pesadilla, que continúa, aun cuando despiertas.

Una de las primeras diferencias surgidas después de la entrada del pecado es que Adán le da un nuevo nombre a la mujer: la llama Eva, y así la llamaremos a partir de ahora nosotros también. Podríamos pensar que esto no es nada importante, pero lo es.

Se otorga un nombre cuando tenemos autoridad para darlo. Eva no da nombre a Adán, él le pone nombre a ella, uno diferente al que Dios les había puesto. Ahora vemos que la igualdad existente antes del pecado ya se ha roto, las consecuencias comienzan a verse. Aparentemente pequeñas al principio, si las comparamos con el mundo de hoy, pero no te engañes.

Las consecuencias del pecado son mucho mayores de lo que parecen a simple vista. Al fin y al cabo, ¿qué tan grande fue el pecado cometido, si la acción consistía únicamente en comer del fruto de un árbol que estaba prohibido?

Basta con contemplar el mundo actual para descubrir cuán terribles son los resultados de algo aparentemente tan pequeño. Así de terrible es el pecado: todo lo que toca, lo destruye.

Muchas veces se intenta minimizar el mal limitando su definición a solo una serie de acciones puntuales. Comer una fruta no puede ser algo tan malo, se dice. Pero la cuestión es que no solo se trata de acción: el pecado lo corrompe todo, y antes del acto hay pensamientos y motivaciones que superan por mucho lo realizado.

Por otra parte, las consecuencias de un solo pecado no se limitan a los resultados inmediatos de la acción, sino que abarcan todo el sufrimiento que el pecado puede llegar a producir. Es como abrirle la puerta a un asesino: no se queda solo en el hecho de que una persona malvada entra; ocurren muchas cosas más.

Comer del fruto del árbol del conocimiento del bien y del mal, ese único y aparentemente pequeño error, significó la entrada del mal en la tierra. Las cosas cambiaron, y de qué manera. La muerte entró en el mundo, y desde el día en que nacemos comenzamos a morir.

Observa la crueldad que ves en el ser humano, en la naturaleza, y también tus propios sufrimientos y luchas. Estas cosas son solo una pequeña parte de todo lo que el pecado produce y representa. Hay consecuencias que no podemos ver o de las que muchas veces no nos enteramos, pero eso no disminuye en nada el daño que el mal ha hecho y continúa haciendo.

No obstante, siempre que llega una tentación, parte de ella incluye la idea de poder pecar sin sufrir las consecuencias. En el caso de Eva, el mensaje era que no iba a morir. En el caso del que roba, el mensaje incluye la esperanza de no ser atrapado. Así vemos un mundo donde el delincuente muchas veces sale impune o donde incluso se defiende al malvado.

Este es el pecado en su plenitud: un amasijo de dolor, enfermedad y sufrimiento que termina en muerte para todos. Eso es lo que el pecado ofrece; eso es lo que es. Eso es lo que ocurriría si no fuera por Dios.

Si Dios no sostuviera el mundo y pusiera freno a la maldad, el pecado ya lo habría destruido todo. Pero, por amor a nosotros, Dios pone límite a lo que este puede hacer.

Un mundo diferente, no uno mejor

En el mismo momento en el que el pecado entró en el mundo, las reglas cambiaron. La naturaleza, creada para la felicidad del ser humano, se rebeló y adoptó nuevas reglas: las del pecado. Hoy sufrimos desastres: terremotos, inundaciones, hambrunas, sequías y tormentas. Todo esto era nuevo; eran las nuevas reglas que ahora afectaban a un mundo que había elegido dejar fuera a Dios.

Muchos se preguntan hoy por qué hay tantos desastres, y no solo en la naturaleza, también en nuestra propia vida. La respuesta es simple: son el resultado del pecado, de nuestros pecados. Es lo que elegimos cuando nos separamos de Dios, solo que esa descripción no venía incluida en la propaganda. Lo cierto es que, lejos de Dios, nada bueno existe.

Una promesa, una esperanza

Una vez consumada la rebelión y la entrada del pecado en el mundo, Dios salió a buscar a la raza caída. No para destruirnos, sino para salvarnos. Había un plan que Dios mismo había preparado: uno que permitiría salir del pecado y de su maldición, que daría la oportunidad de elegir de nuevo entre hacer a Dios el centro de nuestra vida o sacarlo de ella. Un plan que permitiría a todo el que lo deseara ser libre y volver a casa: a ese mundo perfecto que Dios había creado.

Este plan implicaba que Dios sufriera la suerte que correspondía al pecador: la muerte. Dios entregó su vida para que nosotros pudiéramos vivir. Pero Él es tan maravilloso que ni siquiera nos obliga a elegirlo; sigue dándonos libertad para hacerlo.

Hoy, cada uno de nosotros decide. Y esta es la decisión más grande de todas las que tomamos en la vida: ¿qué lugar le voy a dar a Dios en mi vida? La respuesta a esta simple pregunta lo determina todo.

Pronto, en la historia de Eva, llegan consecuencias mucho mayores que las que inicialmente habían experimentado. No solo dará a luz a sus hijos con dolor, sino que también verá cómo su marido ejerce sobre ella una autoridad que antes no tenía. La igualdad con la que Dios los había creado estaba rota. En el pecado no existe igualdad, sino el dominio del más fuerte.

Eva verá cómo Caín, su hijo mayor, asesina a Abel, su propio hermano, y se aleja de casa viviendo perdidamente en rebeldía total contra Dios. Ella sufrirá el dolor de ver a Caín perdido en la maldad, convirtiéndose en el padre de una raza rebelde y violenta. Un dolor que se intensificaba al saber que su hijo no estará en el mundo restaurado que Dios ha prometido.

Es duro para un padre y una madre ver cómo sus hijos se alejan de Dios y se hacen daño a sí mismos, pero lo peor de todo es saber que no estarán juntos por la eternidad porque ellos no desean nada que tenga que ver con Dios.

Sin embargo, el peor dolor que Eva siente no es el de los sufrimientos o el hambre, ni siquiera el que la muerte produce a su alrededor. Lo peor de todo es que sabe que fue su decisión la que trajo consigo toda esta desgracia. La muerte de Abel a manos de Caín, las hojas que caen, los animales que se matan unos a otros.

Para nosotros es duro vivir en un mundo marcado por el pecado; lo sufrimos. Pero imagina lo que significa haber conocido la diferencia. Haber vivido la perfección que Dios había creado, haberla disfrutado plenamente y ahora encontrarse con esta realidad. Nosotros no conocemos otra cosa que no sea esto, pero ella sí.

Su conciencia la torturaba. *Si no hubiera escuchado a la serpiente, si no hubiera comido…* Lo había tenido todo; ahora, nada.

Eva se arrepintió sinceramente de su pecado y Dios la perdonó. Pero el pecado no lo hizo. Nunca lo hace. Una y otra vez te acusa, te tortura y te culpa.

El mismo que te presenta una propaganda atractiva, el que te asegura que no vas a sufrir las consecuencias, es el mismo que luego se encarga de culparte y de hacerte sentir que no mereces nada, que ni siquiera mereces el perdón de Dios. Es parte de su plan para asegurarse de que no te escapes, de que rechaces a Dios porque sientes que no tienes excusa, que no tienes perdón.

Una de las cosas que necesitamos experimentar es el perdón hacia nosotros mismos. Dios nos perdona, pero muchas veces sentimos que merecemos todo el dolor que ha llegado, que está bien sufrir porque somos culpables y hemos actuado mal. Entonces vemos a Dios acercarse y huimos, pensando que viene a castigarnos, cuando en realidad llega para perdonarnos y salvarnos. Y, aun así, pensamos que no podemos aceptarlo, que no merecemos lo que Dios nos da, que merecemos sufrir.

Es cierto: no merecemos el perdón de Dios, tampoco la vida, y mucho menos la salvación. Pero Dios no nos trata como merecemos, sino como necesitamos ser tratados.

“Mas Dios demuestra su amor para con nosotros, en que siendo aún pecadores, Cristo murió por nosotros.”[1]

Todos hemos fallado, no una, sino muchas veces. Pero no tenemos que rendirnos ni pensar que no hay esperanza. Dios dio su propia vida para que pudiéramos tener una nueva oportunidad de elegir. Hay perdón para nuestros pecados.

“Si confesamos nuestros pecados, Dios, que es fiel y justo, nos perdonará y nos limpiará de toda maldad.”[2] “El que encubre su pecado no prosperará; pero el que lo confiesa y lo abandona, alcanzará misericordia.”[3]

---

[1] Romanos 5:8
[2] 1 Juan 1:9
[3] Proverbios 28:13

Necesitamos elegir a Dios, pero también necesitamos creer en su perdón y en su salvación.

Somos pecadores por naturaleza, y esa misma naturaleza nos atrae hacia lo que nos destruye. Con cada decisión equivocada aportamos, aunque sea un poco, a la maldad que consume este mundo. Y lo peor de todo es que no podemos escapar nosotros mismos del pecado. Solo Dios puede salvarnos. Y no lo hace porque seamos buenos ni porque lo merezcamos. Lo hace, primero, porque nos ama; y segundo, porque lo necesitamos.

El perdón de Dios es real. La salvación del pecado es real. Hoy podemos experimentar anticipos de esa salvación: felicidad, amor, paz, esperanza, una conciencia tranquila. Todo eso es posible porque Dios salió a buscarnos. Él lo es todo. Pero la gracia no se impone: necesita ser creída y elegida.

Cuando Jesús regrese, Eva volverá a la vida, regresará al hogar de donde el pecado la expulsó, allí de donde nunca debió salir. Aquella cuya decisión introdujo el mal en la tierra —cuyos efectos seguimos sufriendo hoy— estará nuevamente en casa. ¿Merece estar? ¿Merece Eva volver a casa? No. Pero la salvación no se trata de merecimiento, sino de gracia.

Tal vez te preguntes cómo es posible que quien estuvo en el origen de tanta desgracia se encuentre entre los salvados. Pero la verdad es esta: nadie merece estar allí. Ninguno de nosotros. Todos somos pecadores, y nuestra inclinación natural no es hacia el bien, sino hacia el mal.

Nadie llegará al cielo porque se lo haya ganado. Llegamos por gracia: recibir un regalo que no merecemos. No llegamos al cielo porque seamos dignos, sino porque Dios nos trata como necesitamos.

Eva no merece volver a casa. Yo tampoco. Pero la gracia de Dios es mayor que nuestro pecado. Su amor no tiene comparación. Su perdón es completo.

¿Lo crees?

¿Te atreves a elegir a Dios?

CAPÍTULO 3

Lea

En el oeste de Mesopotamia, situada en las rutas comerciales que unían dicha región con el Mediterráneo. Al norte del Éufrates, se encontraba la ciudad de Harán. Fue allí donde Taré, Abraham y Sara habían vivido. Abraham había viajado al sur, a la tierra de Canaán, siguiendo el llamado de Dios, mientras que el resto de su familia permaneció en Harán. Desde allí se había buscado esposa para Isaac.

Había pasado una generación y ahora, el hijo menor de Isaac y Rebeca, Jacob, regresaba a Harán. Labán, su tío, lo recibió en su casa. Durante todo un mes Jacob estuvo trabajando con las ovejas de Labán. Las había cuidado con dedicación y el rebaño comenzó a verse más saludable. Al notar esto, Labán, anticipando prosperidad como resultado del trabajo de su sobrino, le ofreció un salario con el fin de retenerlo.

Este es un momento crucial. Jacob ha llegado a Harán en busca de una esposa y no va a desaprovechar la oportunidad de entablar una negociación con Labán para casarse con una de sus hijas.

Precisamente en este momento se nos introducen dos personajes que serán claves en esta historia. Labán tenía dos hijas: el nombre de la mayor era Lea y el de la menor, Raquel. El relato bíblico, registrado en el libro de Génesis, nos describe las características de ambas con una sencillez reveladora: "Lea tenía la mirada apagada, pero Raquel era de bella figura y de hermoso rostro."[1]

[1] Génesis 29:17

Notemos la descripción que se hace de cada una de las hijas de Labán. Comencemos por la menor, Raquel. De ella se dice que tenía una bella figura y un hermoso semblante. Indudablemente, era la más hermosa de las dos: un rostro atractivo y un cuerpo armonioso. Aquello que muchas mujeres desearían ser, eso era Raquel.

La otra era Lea, la hermana mayor. Cuando se realiza un concurso de belleza, se puede definir quién es la más bonita, aunque en muchos casos la competencia sea muy reñida. En cuanto a Raquel y Lea, no había competencia alguna. La belleza de Raquel no tenía comparación dentro de casa. Ella lo tenía todo.

De Lea, en cambio, lo único positivo que se menciona de su aspecto físico es que tenía ojos delicados, una mirada apagada, quizá triste o amable. Si eso es lo mejor que puede decirse de la apariencia de alguien, es porque, con toda claridad su físico no destacaba.

En términos de atractivo físico era todo lo opuesto a su hermana Raquel. No era bonita, Lea era fea. Eso no sonó bien, pero es la realidad, no era para nada atractiva. Era la hermana mayor, pero eso era todo lo que tenía. Aquí debemos aclarar que solo es una descripción de su físico. No una cuestión de valor como ser humano. Todos somos iguales en valor. Nuestro físico tiene que ver con un asunto de gustos, no de valor personal.

En ese tiempo —y en muchos otros también— la belleza femenina era sumamente importante. Era una época en la que la mujer no tenía voz ni voto: era propiedad de su padre y pasaría, más tarde, a pertenecer a su esposo el día en que se casara. Encontrar un buen esposo ha sido siempre algo crucial en la vida de una mujer y todavía lo sigue siendo.

Precisamente para hallar ese buen esposo, la belleza resultaba determinante. En ese tiempo, la costumbre era que el pretendiente pagara a su suegro una compensación económica por la mujer con la que deseaba casarse. Si la joven era bonita, no era difícil encontrar pretendientes y exigir una dote mayor. Pero si no lo era, había que aceptar la propuesta que llegara… y, en el peor de los casos, no llegaba ninguna. Entonces el problema se volvía serio, pues el futuro de la mujer se veía comprometido.

Raquel no tenía ningún problema para conseguir esposo. Más bien, Labán soñaba con recibir muchas ofertas y poder elegir la mejor de todas. Este no era un sueño ingenuo ni exagerado; era completamente realista. A veces soñamos o aspiramos conseguir cosas ilógicas, sin sentido, pero en este caso las expectativas de Labán tenían todo el sentido del mundo.

Lea, la pobre Lea, ella era otra historia. ¿Quién la miraría? Ella solo tenía ojos delicados, una mirada triste.

Cuando se describe a Lea, el texto bíblico utiliza una palabra hebrea para referirse a los ojos. El término *rakkot*, que caracteriza sus ojos como suaves o apagados, puede entenderse de dos maneras:

La primera es desde el punto de vista físico, lo que implicaría que sus ojos eran tiernos, frágiles o débiles. Sin el brillo que culturalmente se asociaba con la belleza.

La segunda es desde una perspectiva emocional, revelando en Lea una mirada compasiva, delicada, tierna, sensible y cariñosa, pero también marcada por la tristeza, una expresión de resignación.

Los ojos son las ventanas del alma. Si quieres saber quién es una persona, basta con mirar sus ojos. En ellos se refleja su interior: si es alguien alegre, dinámico o apagado; si hay ternura o rencor. Nuestras emociones se manifiestan en la mirada. A través de los ojos también podemos percibir si alguien es una buena persona o no. Hay miradas cariñosas, amables, sinceras y nobles. Otras, en cambio, son frías, duras, maliciosas, incluso perturbadoras.

Lea tiene ojos amables, una mirada tierna. Esto, señala algo positivo de ella, revelándonos mucho sobre su personalidad y su carácter. Lea tiene un carácter introvertido, suave, sufrido, triste. Pero es que también eso es lo más bonito que se dice de su aspecto físico.

Si observamos a Raquel, ella parece también poseer un carácter diferente al de su hermana. Podemos imaginarla como una mujer extrovertida, alegre, segura. En fin, ¿de qué podía quejarse? Tenía el mundo a sus pies; la vida le había sonreído en todo.

Nuestro físico puede influir enormemente en cómo nos sentimos y en cómo nos percibimos a nosotros mismos. La apariencia tiene un peso real en cómo nos vemos. ¿Te consideras una persona bonita o fea? Vivimos en una sociedad que se guía mucho por lo externo, al punto de que existen cirujanos plásticos cuya labor consiste únicamente en hacernos ver bien, o al menos, mejor de lo que nos veíamos antes.

El concepto que tienes sobre tu propio físico influye directamente en tu autoestima. La autoestima no es más que el valor que sientes que tienes como persona. Si te consideras una persona bonita o atractiva, tu autoestima tiende a fortalecerse. Comienzas a sentir que tienes valor, que eres importante, que eres alguien apreciado.

Este punto es vital para el ser humano. Todos necesitamos sentir que somos aceptados, amados y considerados atractivos por alguien. A fin de conseguir esto, muchos se enfocan en lo físico, en el dinero o en proyectar una apariencia de felicidad, aun cuando por dentro estén vacíos.

Basta con mirar las redes sociales para verlo: personas que aparentan ser lo que no son, filtros que maquillan la realidad, sonrisas ensayadas. Todo en busca de *"likes"*, de aprobación, de sentirse vistos, amados y tomados en cuenta.

La autoestima es muy importante porque termina influyendo en cómo nos valoramos a nosotros mismos. Y, por supuesto, en esa valoración pesa mucho la opinión de aquellas personas que están cerca de nosotros o de aquellas a las que hemos dado un lugar de importancia en nuestra vida, aun cuando, en realidad no deberían tenerlo.

Constantemente vemos personas mendigando aceptación, cariño, valor y afirmación. No es porque no tengan nada mejor que hacer, sino porque esta es una necesidad básica del ser humano: sentir que somos amados, aceptados, queridos, considerados importantes. A veces el afecto de una sola persona puede cambiarlo todo.

Raquel tenía todo eso. Ella sabía que era valiosa. Lo sentía. Su única curiosidad era saber cuánto estarían dispuestos a dar por ella y si el precio superaría la cantidad que ella había imaginado. Así somos los seres humanos: nos ponemos metas que, muchas veces, no tienen sentido.

Lea, la pobre Lea. Ella era otra historia. Solo tenía mirada triste, ojos apagados. ¿Quién la amaría? Ni su propio padre lo hacía. Y esto último no es una exageración.

Recordamos que, en esa época, para casarse con una mujer, el hombre debía entregar al padre de esta algo de valor —acordado antes de formalizar el compromiso—, el padre de la novia asignaba ese precio en función de la belleza y el atractivo de su hija. ¿Cuánto pediría Labán por Raquel? Pronto lo sabremos: siete años de trabajo duro por parte de Jacob. Ni un día menos. ¿Y por Lea? Nadie preguntó jamás, ni siquiera para llevársela como regalo.

Lea ve a Raquel, su hermana menor, ya comprometida. Eso no es una buena noticia para ella. Se suponía que ella se casaría primero. Esto era una señal de alarma. El momento tan temido había llegado. ¿Podría Lea casarse? Labán lo tenía claro. Lea, no lo sé. Tal vez su propia mirada era el reflejo de que dudaba que llegara alguien.

Pasan siete años. Tiempo en el que ella tenía la esperanza de que alguien llegara. Pero no. Nadie se ha fijado en Lea y mucho menos ha estado dispuesto a pagar. Tal vez, a estas alturas, hasta Labán esté dispuesto a regalarla, entregarla sin nada a cambio. Pero es que nadie aparece, no preguntan por ella. Ya no se trata de que alguien esté dispuesto a pagar un precio bajo o mínimo por ella; es que Labán no tiene pretendiente para su hija mayor.

Pero eso no lo va a detener. Decidido a salir de Lea, prepara un ardid para engañar a Jacob. Sabe lo que tiene con Raquel y si la tiene que usar para salir de su hermana lo hará. Cuando te digo "salir de Lea" no estoy exagerando. A Labán no le importa lo que ella siente, ni cómo le vaya en la vida. Solo quiere casarla a como dé lugar. ¿Por qué? Porque tener una hija que no pudiera casarse era considerado una desgracia para la familia y una fuente de vergüenza ante la sociedad. Labán no iba a permitir eso.

Se han cumplido siete años de trabajo duro que Jacob había aceptado dar a Labán por casarse con Raquel. La boda se prepara. Hay fiesta, cantos, alegría. La novia llega y el matrimonio se realiza. Jacob está contento, siete años que han parecido nada, porque él amaba a Raquel y cuando amas a alguien ningún sacrificio es grande.

Finalmente, el matrimonio se consuma. Jacob está feliz. Es el hombre más feliz del mundo. Pero su felicidad dura solo una noche. Tan pronto como sale el sol se escucha un grito de enfado. El engaño ha sido descubierto. No es que se esperara que durara para siempre. Labán solo necesitaba que durara una noche, hasta que el matrimonio se consumara. ¿Qué fue lo que pasó? Labán ha cambiado a Raquel por Lea. Jacob no se ha casado con quien creía, sino con su hermana mayor.

Lea no se ofreció ni eligió engañar a Jacob; ella no tenía voz ni voto. Pero tampoco se opuso a su padre. Tal vez no podía evitar pretender ser Raquel durante la boda. Pero tampoco dijo nada, más tarde durante esa noche. Este es un error que tendrá un precio muy alto y que pagará durante toda su vida.

Jacob no olvidará nunca esto. No le perdonará a Lea el haberlo engañado. Ahora ella está casada, pero su esposo no la ama y no se molesta en ocultarlo. Él no la pidió; trabajó siete años para casarse con Raquel, no con Lea. ¿Por qué debería cargar con una esposa que no eligió? Para Jacob, ese era un problema de Labán, no suyo.

Mira en lo que ha terminado convertida Lea: en una carga. Primero para su padre, ahora para su esposo. Un peso incómodo que parece imposible de abandonar para quien debe llevarlo. ¿Y los sentimientos de Lea? A nadie le importan.

Ella ha sufrido desde niña deseando el cariño y el respeto de su padre, pero nunca los recibió. Incluso, más adelante en su matrimonio, para pasar una noche con Jacob, su esposo, debe humillarse y rogar a su hermana que lo permita. Como en aquella ocasión en la que lo intercambió por unas hierbas de mandrágoras que Raquel deseaba. Una "transacción comercial" solo para poder dormir con su propio marido.

Lea ha mendigado cariño toda su vida y, aun así, nadie la ama. Su vida ha sido dura y continúa siéndolo. Si fueras Lea, ¿qué habrías hecho? ¿Cómo habrías reaccionado? ¿Te habrías quejado, te habrías amargado?

Tenía todo para dejarse vencer y rendirse a la amargura, pero Lea no lo hace. Ni lo hará. Ella lucha… pelea. Ha aprendido a sobrevivir. Sigue adelante, avanza, aun sin saber cómo, pero sigue.

A pesar de ser la mayor, Lea siempre ha vivido a la sombra de su hermana, y así será durante toda su vida. Raquel siempre será la amada; Lea, simplemente, la que nadie quiere.

La autoestima de Lea está por el suelo. A los ojos de los demás, ella no tiene valor. Podrá tener mucho potencial, pero es juzgada únicamente por su físico. Su padre tampoco la amaba. De haberlo hecho hubiera recordado que el sol siempre sale y la mentira al final siempre es descubierta. A Labán solo le interesaba entregarle Lea al primero que pudiera y ese fue Jacob.

Una mirada triste

Detengámonos una vez más en la mirada de Lea, tal como se describe en la Biblia. Encontramos la mirada típica de quien ha sufrido mucho. Es la mirada de quien ha avanzado por la vida de golpe en golpe, sintiendo que nadie le ama, que no vale nada. No son ojos llenos de chispa ni de alegría los de quien ha vivido así. Es esa mirada cansada, resignada, marcada por la derrota; la de alguien que continúa sufriendo y que, aunque intenta llevar su dolor en silencio, no logra ocultarlo. Sus ojos son incapaces de disimular, lo dicen todo.

Existen cosas en la vida que puedes controlar y otras que no. Puedes decidir a dónde vas, al menos hasta cierto punto. Cada día eliges qué ropa usar, qué comer. Constantemente estamos tomando decisiones y, la mayoría de las veces, son elecciones que dependen de nosotros. Sin embargo, también hay cosas que no están bajo tu control. No eliges el día ni la época en la que naces, tampoco tu familia, y mucho menos el aspecto físico que tienes.

Lea comprende muy bien lo que significa no controlarlo todo. Las circunstancias pueden ser duras, pero no estamos condenados por ellas y Lea, la sufrida y triste Lea, nos va a enseñar mucho sobre esto. Ella debe tomar una decisión vital. Tiene que elegir entre amargarse, centrarse en sus problemas o tragar en seco y seguir adelante, aun cuando no tenga fuerzas ni sepa cómo hacerlo. Porque la vida continúa.

Puedes ver personas en pobreza extrema sonreír con una alegría real; son felices, a pesar de su situación económica. También puedes encontrar personas que han nacido sin manos o sin pies y que poseen una actitud de lucha ante la vida que otros, con sus manos y sus pies, no tienen. ¿Qué define mi actitud ante la vida? Simplemente yo. No las circunstancias, no lo que me ha tocado vivir, sino yo.

No obstante, toda lucha tiene su costo y deja huellas, y Lea no es la excepción. En lugar de una mirada alegre, hay tristeza en sus ojos; cansancio, y un profundo deseo de que las cosas hubieran sido diferentes. Sin embargo, aun cuando no cambiarán, Lea continuará luchando y no se dará por vencida. Todo parece estar en su contra, pero ella insiste, persevera, sigue adelante. La vida le ha dado limones, pero no permitirá que la amarguen. Hará limonada con ellos, aunque duela.

La mirada delicada de Lea revela lo que suele encontrarse en quien no ha sido amado y no se siente especial. Conoce el dolor de enamorarse y no ser correspondida; ¿o piensas que ella nunca se enamoró? Sabe lo que es que le rompan el corazón. Su padre lo ha hecho, y su esposo lo hará una y otra vez. Él no la ama y ni siquiera intenta disimularlo.

Cada vez que Lea se compara con su hermana ve en ella todo lo que hubiera querido tener, pero que no posee. ¿Si al menos hubiera sacado algo de la belleza de Raquel? Pero no fue así. Es de esta manera como comienza a formarse la idea devastadora de que no valemos nada, de creer que otros sí pueden, pero uno no; que los demás siempre serán mejores.

Cuando no sentimos nuestro valor, aunque lo tenemos, actuamos según lo poco que creemos valer. No según lo que realmente valemos. Dejamos de creer en nosotros mismos y comenzamos a vernos como incapaces de pelear, de triunfar, de ser felices. Sentimos que otros sí pueden, pero no, nosotros no. De esta idea nacen vidas que se autodestruyen, no por falta de valor, sino por rendición, autoconvencimiento de que no se merece o no es posible algo mejor.

Retornando a rakkot, la palabra hebrea que describe los ojos de Lea y que puede entenderse tanto desde el plano físico como emocional, si ponemos énfasis en este último, descubriremos una mirada compasiva, un carácter delicado, tierno, cariñoso y sensible. Todo esto dice mucho.

Lea aquí es un ejemplo para nosotros. A pesar de todo lo que le ha tocado vivir, su mirada sigue reflejando bondad. Su carácter permanece suave, tierno y noble. La veremos sufrir en silencio, reclamar pocas veces, mendigar cariño y vivir toda su vida como la segunda, como la no deseada.

Sin embargo, el sufrimiento no la ha endurecido ni ha podido sacar lo peor de ella. Lea sigue siendo sincera, tierna y compasiva. Es fácil decir esto de alguien que lo tiene todo, pero Lea no lo tenía. Y, aun así, eligió no dejar que el dolor definiera quien era. Su vida demuestra que las circunstancias de la vida pueden herirnos profundamente, pero que al final somos nosotros quienes elegimos en quién nos convertimos.

Todavía hoy seguimos valorando a las personas por su apariencia y asignándoles importancia en función de ella. Si pudieras elegir de quién eres hijo, ¿a quién escogerías como madre: a Raquel o a Lea?

Pero con Dios las cosas no funcionan así. Él no mira como lo hace el ser humano. Para Él, el valor no está en lo externo, sino en el corazón.

Dios no se rige por nuestros estándares. El valor que atribuimos a una persona no siempre coincide con el valor que Dios le da. Tu valor no depende de tu apariencia, de tus habilidades ni de la opinión de los demás. Tu valor te lo da Dios, porque Él te creó y te hizo especial.

Hay algo cierto e interesante en la costumbre de entregar una dote por la joven con la que te ibas a casar y era la oportunidad de mostrar cuánto valor tenía ella para ti. Algo vale tanto como lo que alguien está dispuesto a dar por ello. Ese valor es tan grande para Dios que estuvo dispuesto a dar su propia vida por ti. Por eso tu valor es inmenso, infinito.

Los demás pueden darnos la espalda y tratarnos como si no valiéramos nada, pero Dios nunca lo hará. Su amor es incondicional; no se basa en cómo nos vemos, sino en quienes somos, y somos sus hijos.

Labán no ama a Lea, Jacob tampoco, pero Dios sí. Y su amor es suficiente. Lea será bendecida por Dios y llegará a ser la madre de siete hijos: seis varones y una niña. En una época en la que tener hijos era considerado una señal clara de la bendición divina —y tener muchos, aún más—, Dios coloca a Lea ante los ojos de los demás como una mujer grandemente bendecida.

Hay una maravillosa lección para nosotros cuando tomamos en cuenta los sentimientos y la esperanza de Lea a medida que va teniendo sus hijos. Su primogénito recibe el nombre de Rubén y Lea manifiesta su esperanza: "ahora me amará mi marido." Duras palabras que revelan una triste realidad. Pero no terminan aquí.

El segundo hijo de Lea será llamado Simeón, "porque Jehová oyó que soy menospreciada." Leví es el nombre del tercero y la esperanza de Lea entonces es: "ahora se unirá mi marido conmigo." Todo este tiempo ella ha estado buscando el cariño y la aprobación de Jacob. Cada hijo era un intento, una esperanza de conseguir amor. Pero una que terminaba siempre en decepción.

Cuando Lea tiene a su cuarto hijo algo va a cambiar. Deja de esperar algo de Jacob. En esta ocasión Lea no va a decir: "ahora me amará." Dice: "esta vez alabaré a Jehová." Aquí ocurre el milagro. Lea dejó de mendigar amor y comenzó a adorar. Dejó de competir y comenzó a descansar en Dios. Y cuando dejó de buscar validación horizontal encontró identidad vertical. Y Dios la escogió.

Todos somos Lea

A todos nos gustaría ser Raquel, pero la realidad es que todos somos Lea. ¿Alguna vez te han roto el corazón? ¿Alguna vez te enamoraste y tu cariño no fue correspondido? ¿Alguna vez buscaste el cariño de tus padres y no lo recibiste? Entonces sabes lo que es ser Lea.

Te casaste y descubres que tu esposo o tu esposa no te ama. Tal vez dejaron de amarte, o quizá nunca lo hicieron. Uno de los golpes más duros que una persona pueda recibir es escuchar de labios de su pareja: "yo nunca te quise." Lea tuvo que oír eso.

En la vida real —no en las apariencias que mostramos ni en lo que publicamos— la vida puede ser dura y cruel. Vivir en un mundo marcado por el pecado es así. Y, en ese mundo no somos Raquel; somos Lea.

En esta vida siempre habrá alguien que diga cosas más bonitas que tú, alguien que luzca mejor que tú, alguien que haga las cosas mejor tú. Así que, si esperas ser Raquel para disfrutar la vida, quiero decirte algo: todos somos Lea.

Aunque por un tiempo seas la más bonita, solo espera que pasen los años y verás que ya no lo eres más. Llegará otra Raquel y, entonces, tú también serás Lea. Al final, la vida misma se encarga de recordarnos esta verdad: todos, tarde o temprano, somos Lea.

Lea es un mensaje de Dios para nosotros. Nadie la tomaba en cuenta, nadie la miraba, no tenía pretendientes y no era considerada atractiva. Pero Dios la amó y la bendijo. Lea fue la madre de Judá, y de Judá vendría David. De cuya descendencia nacería el Salvador del mundo, Dios con nosotros.

Dios toma a una mujer a quien su padre no aprecia y su esposo no ama, y la convierte en alguien profundamente importante, mucho más de lo que ella misma habría imaginado en el mejor de sus sueños. Eso es lo que sucede cuando Dios llega a tu vida.

Tu fortaleza y tu valor no se encuentra en lo que otros piensan de ti, sino en que Dios te hizo. Eres hijo de Dios, eres hija de Dios, y eso te hace especial. Lo débil de este mundo, lo despreciado, lo que no resulta atractivo a los ojos humanos, Dios lo toma y lo transforma en algo único, valioso y amado.

Para las Lea de la vida

Habrá muchas razones para sentirte amargada, pero no te rindas. Insiste, lucha como Lea. La recompensa más grande no vendrá de los seres humanos. La recibirás de Dios. Enfrenta la vida con nobleza y sencillez, pero con la certeza de lo valiosa que eres, porque lo eres.

Eres amada, aunque no siempre encuentres personas que lo demuestren. Eres amada por Dios, y eso te hace única y especial. Tu fortaleza no está en tu físico; está en lo que eres para Dios. Él es tu fuerza, tu sostén, es tu presente y también tu futuro.

Por eso, levanta la mirada al cielo, entrégate en las manos de Dios y camina con firmeza por la vida. No eres un estorbo. No eres una carga. No has sido olvidada. Dios sabe quién eres y Él se acuerda de ti.

Dios no quitó el dolor de Lea. Jacob no comenzó a amarla. Pero la bendijo y le concedió el privilegio de ser parte de un linaje del que toda mujer habría deseado participar: del linaje de Jesús. Solo una mujer en cada generación era la escogida.

No fue Raquel la elegida. Simplemente fue Lea. La de ojos delicados, la de mirada triste.

CAPÍTULO 4

Rahab

Israel se encontraba en las llanuras cercanas a la ciudad de Jericó. Pronto cruzarían de manera milagrosa el río Jordán, entrando por fin en la tierra prometida. Pero, por el momento, aún no había llegado la orden para pasar al otro lado.

Con expectación y alegría miraban más allá, a la distancia. Finalmente podían verla: Canaán estaba ante ellos. La tierra que Dios les había prometido. Después de cuarenta años caminando por el desierto, habían llegado. Ahora estaba por comenzar una nueva etapa, una nueva misión: conquistarla.

Los cananeos habían habitado allí por mucho tiempo, pero se han convertido en una fuente de corrupción. Se habían degradado más allá del punto en el que la misericordia de Dios todavía podía ofrecerles oportunidad. Al igual que el mundo antediluviano, se habían endurecido por completo y no sentían interés alguno por el bien, sino solo por el mal.

Para poner límite al avance del pecado y a la amenaza que representaba para el mundo, Dios dio la orden de que esas naciones fueran eliminadas junto con su legado de maldad.

Durante cuatrocientos años los cananeos tuvieron oportunidad, pero en lugar de arrepentirse avanzaron cada vez más en el pecado. Dios había estado luchando con ellos para salvarlos. Les había dado ocasión de conocerlo. Estuvieron en contacto con Abraham y con Isaac, patriarcas a quienes Dios había prometido entregar la tierra como herencia. Sin embargo, esa posesión no se les concedió entonces porque la maldad de los cananeos aún no había llegado a su límite.

Sí, existe un límite para el pecado. Cuando ese límite se alcanza, los juicios de Dios se ejecutan y el pecado es finalmente destruido. Así ocurrió en los días del diluvio. Así estaba sucediendo en ese momento en Canaán. Y así sucederá también al final de la historia de este mundo, cuando Dios intervenga y ponga fin al pecado.

En una ocasión, cuando Dios conversaba con Abraham y le confirmaba su pacto de entregarle la tierra en la que habitaba, también le reveló que sus descendientes irían a Egipto. Luego añadió: "y en la cuarta generación volverán aquí: porque hasta entonces la maldad del amorreo no habrá llegado a su colmo."[1]

El tiempo anunciado había llegado, no solo porque la maldad de los habitantes de la tierra había sobrepasado el límite en el que la justicia debía actuar sobre el pecado, sino también porque Israel estaba finalmente listo para entrar a la tierra prometida.

Después de que toda la generación que había salido de Egipto en edad militar muriera en el desierto, una nueva generación había surgido. Ellos serían quienes entrarían en la tierra a la que sus padres se habían negado a entrar. Había tomado tiempo. El viaje había sido largo. Pero ahora están allí. Por fin listos.

Tal como lo había hecho Moisés décadas antes, Josué envió a dos espías para explorar la tierra, en especial la ciudad de Jericó, que se encontraba frente a ellos y sería la primera en ser atacada.

¿Por qué enviar espías a Canaán si Dios está con Israel?

La presencia de Dios no elimina la parte que le corresponde al ser humano. En todos los aspectos de la vida hay cosas que podemos hacer y otras que no. Dios se encarga de aquello que supera nuestras posibilidades, mientras nos fortalece para cumplir con lo que sí está en nuestras manos y, por tanto, nos corresponde hacer. Israel tendría que caminar para entrar en

[1] Génesis 15:16

Canaán. Pero Dios haría el milagro para que pudieran cruzar el río Jordán en seco, porque solo Él podía detener las aguas.

Por otro lado, donde Dios está presente hay orden. El caos es señal de la ausencia de Dios. Planificar no es falta de fe por parte de Josué ni del pueblo. Es actuar conforme a los principios divinos. El orden y la planificación cuidadosa forman parte del plan de Dios y pertenecen a esa responsabilidad que Él ha dado al ser humano.

Todo lo que hagas en la vida, hazlo con cuidado y responsabilidad. Esto no significa que Dios no pueda, en algún momento, cambiar nuestros planes porque Él sabe qué es lo mejor. Pero organizarnos, analizar lo que vamos a hacer y ejecutarlo con diligencia es parte de nuestra tarea. Claro, nuestros planes no existen para decirle a Dios lo que Él debe hacer, sino para ponernos en armonía con su voluntad y estar listos para hacer lo que Él nos pida.

También es importante recordar que, aunque planificar y organizar es bueno, no podemos pasarnos la vida entera haciendo planes, sin actuar. En algún momento debemos ponerlos en acción. Las ideas que no se llevan a la práctica, por buenas que sean, terminan en fracaso. Soñar es bueno y planear también, pero no te pases la vida durmiendo. Siempre llega el momento de despertar, levantarse y hacer esos sueños realidad.

Josué no solo organizó la exploración de Canaán; también envió a los dos espías escogidos para la tarea. La fe verdadera no se queda en la intención: actúa.

En Jericó

Los dos espías se visten como lo haría cualquier cananeo e intentan pasar desapercibidos. Es una tarea peligrosa. Los habitantes del lugar viven con miedo, y cuando hay miedo el ser humano se vuelve irracional con cualquiera a quien considere una amenaza para su seguridad. Los espías no serían recibidos por un comité de bienvenida. Si eran descubiertos, serían eliminados. Ellos lo sabían. Aun así, avanzan confiando en que están en las manos de Dios, quien cuidará de ellos.

Llegan a la ciudad como cualquier extranjero que entra de paso: no para quedarse, sino para descansar un rato, comer algo y continuar el camino. Avanzan entre la gente procurando no llamar la atención ni despertar sospechas. Recorren las calles de Jericó. Observan los productos de los vendedores locales. Comen algo y entonces descubren un lugar que, paradójicamente, eliminaría cualquier sospecha. Han visto la casa de una prostituta. No hay sitio menos sospechoso que este para que dos extraños entren.

Mientras esto ocurre, algo que ellos no pueden ver está sucediendo. Sin que lo notaran, ya habían sido detectados. Desde el primer paso dentro de la ciudad, unos ojos atentos los observaban. En Jericó, ningún extraño pasaba inadvertido. Cada visitante era seguido a distancia, evaluado, medido. Bastaba un gesto fuera de lugar, una palabra distinta, para que la alarma se encendiera. Ante la más mínima sospecha, se daba aviso para que los soldados se encargaran de los intrusos y dejaran claro lo que les ocurría a quienes llegaban para espiar.

Alguien ahora los seguía. No se acercaba demasiado, pero nunca los perdía de vista. Observaba cómo caminaban, cómo miraban, cómo hablaban entre ellos. No le gustaban. Algo no encajaba. No parecían confiables, no actuaban como los demás.

Cuando alguien es diferente, destaca incluso cuando intenta mezclarse con otros. Algo parecido ocurrió cuando Jesús fue arrestado y llevado ante el Sanedrín judío para ser juzgado. Pedro entró en el patio del sumo sacerdote fingiendo no conocer a Jesús. Negó ser su seguidor, pero más tarde le dijeron que hasta su manera de hablar lo delataba. Aunque quiso ocultar quién era, su forma de expresarse reveló su identidad.

Lo mismo sucede ahora. Aunque intentan comportarse como cananeos, los dos espías, no lo logran del todo. Sus palabras son cuidadas, sus gestos distintos. No son ruidosos, no son vulgares, no participan de lo que todos hacen. Precisamente eso los delata.

En Jericó habían visto llegar muchos viajeros de las ciudades vecinas, pero estos dos no eran iguales. Había algo de ellos que inquietaba, algo que despertaba sospecha. El observador espera. No actúa todavía. Los sigue hasta que llegan a la casa de una prostituta. Allí, por fin, da la señal. Avisa a los soldados para que los capturen. El cerco comienza a cerrarse. Los espías no lo saben aún, pero el peligro ya está en marcha. Cada minuto cuenta. Cada decisión que se tome será crucial.

La mujer que vivía en esa casa se llamaba Rahab, y no… no era la única que se dedicaba a ese oficio en la ciudad. Pero Dios había guiado a estos dos hombres a la única casa donde habitaba alguien que había escuchado acerca de Él: de sus milagros. De cómo había sacado a Israel de Egipto con mano poderosa. Y, a diferencia del resto de los habitantes de la ciudad, Rahab no había reaccionado con miedo, sino con el deseo de conocer más a ese Dios. Aunque se dedicaba a la prostitución para sobrevivir, en su corazón anhelaba algo distinto, una nueva vida.

En Jericó solo había una casa amigable para con los espías: la casa de Rahab. Y, paradójicamente, también era la menos recomendable. ¿Qué diría la gente si los veía entrar allí? Pero a esa casa los condujo Dios. Los hombres habían llegado con una misión clara: espiar la ciudad. Pero otra misión, mucho mayor, estaba en marcha. Dios estaba llevando a cabo un operativo de rescate. Solo que los rescatistas todavía no eran conscientes de ello.

Así obra Dios. Nos guía por caminos cuyo propósito muchas veces no entendemos. Senderos que parecen desvíos. Decisiones que nos llevan a lugares inesperados, incluso incómodos. Para luego revelarnos que cada paso estaba cuidadosamente dirigido. Nada sucedió por casualidad, tampoco fue improvisación. Era la mano de Dios conduciendo una historia mucho mayor de lo que sus protagonistas podían ver.

No fue coincidencia o casualidad que estos dos hombres de Israel terminaran en la casa de Rahab. Una mano invisible los había guiado por las calles de la ciudad hasta que, sin poder explicarlo, sintieron que aquella casa era el lugar donde debían entrar. Y entraron. Las decisiones que tomamos terminan definiendo lo que sucede más adelante.

A diferencia de otros hombres, ellos no habían llegado por el trabajo de Rahab, sino buscando un refugio donde esconderse en tierra enemiga.

Dios había puesto en contacto a dos partes que terminarían salvándose mutuamente la vida, aunque ninguno de ellos lo sabía aún. Así es Dios: soberano incluso cuando no entendemos nada. Presente aun cuando creemos estar solos. Guiando cada detalle cuando pensamos que solo improvisamos para sobrevivir.

Ya es de noche cuando el operativo de captura entra en acción. De pronto, golpes fuertes sacuden la puerta de la casa. Rahab se sobresalta. Ella sabe perfectamente lo que esos golpes significan. No son los de otro cliente. Estos golpes vienen con autoridad… y con violencia.

La joven respira profundo y sale a la puerta. Frente a ella están los soldados de la ciudad. Sus rostros no dejan lugar a dudas. Le dicen que han descubierto la presencia de dos espías en Jericó y que han sido vistos entrando a su casa. —Échalos fuera —le ordenan—. No son clientes, son espías.

La acusación es directa, peligrosa. En ese instante, Rahab entiende que su casa, su vida y la de esos dos hombres penden de un hilo. Una sola palabra suya puede sellar el destino de todos.

Aparentemente esta es una conversación sencilla, casi rutinaria, en la que todos están en el mismo bando, o no… Demasiadas cosas están en juego. Mucho más que la vida de dos hombres escondidos.

Rahab había anticipado este momento. Antes de que alguien tocara la puerta, ya había escondido a los dos espías en el techo, bajo de un montón de paja. La ubicación de su casa, construida sobre la muralla de la ciudad, le daba una ventaja única: desde allí podía esconderlos sin que ningún vecino viera nada. Nadie podía imaginar lo que su techo ocultaba.

Pero ahora los soldados están frente a su puerta. Han venido por ellos. La provisión hecha no garantiza la seguridad. El peligro es real. Todo pende de un hilo. ¿Qué va a hacer Rahab? ¿Los entrega… o los protege?

Una decisión clave

Ha llegado el momento de decidir. Es una decisión de lealtad: ¿Jericó o Israel? La respuesta que se dé en ese instante no solo determinará la suerte de esos dos hombres, sino también el futuro de la propia Rahab y el de toda su familia. Unas pocas palabras, dichas o calladas, pueden cambiar su historia para siempre.

Rahab tiene delante de sí dos opciones, y ambas tienen consecuencias:

La primera es entregarlos. Decir la verdad, admitir que hay dos hombres escondidos en su casa y conducir a los soldados hasta el techo. Esa decisión colocaría a Rahab claramente del lado de Jericó. Sería aplaudida por su gente. Vista como leal. Incluso recompensada. Pero también significaría rechazar la única oportunidad que tenía para acercarse al Dios de Israel y recibirlo como su Dios. Al elegir esta opción, Rahab seguiría con la vida que siempre había llevado y terminaría exactamente igual que el resto de la ciudad cuando Jericó fuera destruida.

La segunda opción es mentir a los soldados para salvar la vida de los espías. Es una decisión peligrosa. Si la descubren, ella misma moriría como cómplice. Sin embargo, esta elección la coloca del lado de Israel, pero sobre todas las cosas, del lado de Dios. Es una renuncia a sus dioses y la decisión de poner fin a la vida que ahora lleva, iniciando una completamente nueva: que deja atrás la prostitución, rompe con su pasado y comienza de nuevo bajo la protección del Dios verdadero.

Al elegir esta opción, Rahab no solo podía salvar su vida cuando Jericó fuera destruida, sino que estaría eligiendo al Dios de Israel por encima de los dioses que había adorado hasta ese momento. No se trataba solo de pronunciar una mentira o una verdad. Se trataba de a quién decide pertenecer. Si fueras Rahab, ¿cuál de las dos opciones habrías tomado?

En la vida nos gusta que todo sea blanco o negro, bueno o malo. Sin embargo, la realidad es que también existen áreas grises. Situaciones en las que lo que normalmente consideraríamos una "buena acción" puede ser mala en realidad, y una "mala acción" podría terminar produciendo un bien mayor. Este momento de la historia es una de esas áreas grises.

Pongamos con claridad una vez más las opciones que Rahab tiene delante:

a) *Decir la verdad*, lo que conduciría a la muerte de los espías y, más adelante, también a la muerte de Rahab y de su familia, permaneciendo dentro de una ciudad entregada al pecado.

b) *Mentir para proteger a los dos hombres*, lo que salvaría sus vidas y, cuando llegue el momento, también la de Rahab y los suyos, al alinearse con el Dios de Israel.

Antes de emitir un juicio apresurado sobre cuál opción es "correcta", es importante considerar otros principios bíblicos. En una ocasión, Jesús habló de quienes "cuelan el mosquito y se tragan el camello", refiriéndose a personas que se escandalizan por detalles menores mientras ignoran, o cometen, pecados mucho más graves. Algo semejante ocurre aquí. Muchos condenan a Rahab por haber mentido, sin tomar en cuenta que esa mentira salvó la vida de dos hombres, la suya propia y la de toda su familia.

En esta situación, Rahab no está eligiendo entre el bien y el mal, sino entre dos males: mentir para salvar vidas o decir la verdad y provocar la muerte de otros, que, por cierto, no eran criminales buscados por la justicia. Por eso es fundamental comprender que no todas las decisiones pueden evaluarse con reglas rígidas y generales. Cada situación es única y debe ser entendida dentro de su propio contexto.

La Biblia presenta otra historia en la que se relata algo parecido. El rey Saúl ha sido desechado por Dios, y el profeta Samuel recibe la orden de ir a Belén, a la casa de Isaí, para ungir como rey a uno de sus hijos. Samuel teme lo que Saúl pueda hacer si se entera de que ha ido a Belén para ungir al próximo rey, así que le pide a Dios que le muestre qué debe decir si le preguntan por el motivo del viaje. Dios le indica que diga que ha ido a ofrecer un sacrificio. Es cierto que Samuel ofrece un sacrificio, pero esa no es toda la verdad. Ocultar parte de la verdad también es mentir. Sin embargo, Dios no le considera esto pecado; de hecho, es Dios mismo quien le da esta instrucción. ¿Por qué? Porque, una vez más, no todo es blanco o negro: existen áreas grises donde otras cosas como el contexto o el propósito de la acción también importan.

Aquí entramos en un punto clave: los motivos detrás de nuestros actos. La Biblia deja claro que hay acciones que parecen buenas, pero que Dios considera malas. Por ejemplo: Jesús habló de personas que oran, ayunan o ayudan a otros solo para ser vistas y admiradas por los demás. A los ojos de los hombres puede parecer que hacen lo correcto, pero Dios rechaza su hipocresía y su orgullo. Su recompensa será únicamente la aprobación humana, nada más.

Otros ayudan, sirven o hacen "buenas obras" no por amor al prójimo ni por el deseo de agradar a Dios, sino para construir una imagen de bondad delante de quienes los observan. En estos casos, Dios vuelve a ser claro: no hay aprobación divina, porque sus motivos no son correctos.

Al final, no son solo las acciones las que Dios evalúa, sino el corazón, los motivos que las impulsan. Son ellos los que revelan quiénes somos y determinan cómo Dios considera aquello que hacemos.

Cuando Samuel llega a Belén y dice que ha llegado a ofrecer un sacrificio, e invita a Isaí y a sus hijos a participar, no está actuando en base a un engaño egoísta, sino protegiendo sus vidas. Si Saúl hubiera sabido lo que realmente pasó en Belén, habría dado muerte a los líderes de la ciudad y perseguido a la casa de Isaí hasta exterminarla. Samuel, al decir solo una parte de la verdad, está evitando una masacre. Su motivación no es el temor por lo que pueda pasarle a él ni la conveniencia personal, sino preservar la vida de inocentes.

El caso de Rahab es muy similar. Ella protege la vida de dos hombres inocentes. Sus palabras a los soldados no buscan causar daño, sino evitarlo. Por eso, los motivos que impulsan a Rahab son correctos, y su acción es considerada por Dios como buena, al punto de que será precisamente esta decisión la que determine que ella no muera cuando Jericó sea destruida, sino que sea salvada junto con todos los que estén en su casa.

Esto nos lleva a una verdad fundamental: aquello que nos motiva a actuar define el valor moral de nuestras acciones. El ser humano puede ser engañado por las apariencias; Dios no. Él conoce el corazón, los pensamientos y las verdaderas intenciones. Nuestros actos no son evaluados solamente por cómo se ven desde fuera, sino por los motivos que los originan. Ellos revelan quienes somos realmente. Volviendo a la historia…

Los soldados creen a Rahab. ¿Qué motivos tenían para no hacerlo? Ella es una mujer de Jericó, parte del mismo pueblo, atrapada en la misma situación que los demás. No parecía tener razón alguna para traicionar a su propia ciudad. Así que aceptan su palabra y se marchan de inmediato.

Rahab les había dicho que los hombres habían salido antes de que se cerraran las puertas de la ciudad y que habían huido apresuradamente, aunque ella no sabía hacia dónde. Los soldados no dudan. Salen corriendo tras ellos y se dirigen al camino que conduce al Jordán, la ruta más lógica para regresar al campamento de Israel. Buscan con urgencia, revisan el camino, avanzan más allá… pero no encuentran a nadie. Continúan la búsqueda un tiempo más, hasta que finalmente regresan convencidos de que los espías han escapado.

En cuanto los soldados se alejan, Rahab sube al techo y se acerca a los dos hombres escondidos. Habla con franqueza. Les confiesa que está convencida de que Dios les ha entregado toda la tierra a Israel. Les dice que un terror profundo se ha apoderado de los habitantes de Jericó, que el ánimo del pueblo está quebrado. Todos saben lo que Dios hizo cuando abrió el Mar Rojo para que Israel cruzara en seco, y cómo derrotó a los amorreos al otro lado del Jordán. Ahora ese mismo pueblo estaba a las puertas de Canaán. El miedo ha invadido a todos. Antes de que Israel levante la espada, el corazón de Jericó ya ha sido vencido.

Entonces Rahab continúa:

—Yo sé que el Señor es Dios —les dice—. Por eso les ruego que me juren por Él que, cuando tomen posesión de Jericó, salvarán nuestra vida. Les pido que perdonen la vida de mi padre, de mi madre, de mis hermanos y de toda mi familia, así como yo he protegido la de ustedes.

Los dos espías no dudan. Allí mismo le prometen que todo aquel que esté dentro de su casa cuando la ciudad caiga será protegido. Ninguno de los que permanezca bajo ese techo perderá la vida.

Entonces Rahab toma una cuerda roja y, desde la ventana de su casa —que estaba sobre la muralla—, hace descender a los dos hombres en la oscuridad de la noche. Antes de que se fueran, les pide una última cosa: que se escondan en las montañas, lejos del Jordán, durante tres días, hasta que quienes los buscan abandonen la persecución.

Los hombres la escuchan, también le dan una instrucción clara:

—Ata esta misma cuerda roja en tu ventana. Esta será la señal. Cuando entremos en la ciudad sabremos dónde está tu casa. Y todos los que quieran salvar su vida deberán estar dentro de ella. La cuerda queda allí, colgando en silencio. Una señal sencilla, casi insignificante a los ojos humanos, pero cargada de esperanza, fe y salvación.

Aunque Jericó iba a ser destruida, Dios había provisto un medio de salvación: todo el que entrara en la casa de Rahab podía vivir. Dios siempre ofrece una oportunidad para salvar la vida. En tiempos del diluvio fue el arca; cualquiera que hubiera querido entrar habría podido hacerlo y así salvar su vida. Sin embargo, no todos eligieron entrar: solo Noé y su familia lo hicieron.

Hoy, Dios nos ofrece salvación por medio de Jesús, pero una vez más, no todos eligen aceptar esa salvación. Nunca se ha tratado de una oportunidad, sino de una decisión. Cada persona elige, y las consecuencias siempre corresponden a lo que se ha elegido.

Puedes estar dentro o fuera de la casa de Rahab. Parece una decisión simple, casi insignificante, pero sus consecuencias son completamente distintas. Así funciona la salvación: no es impuesta, es ofrecida… y debe ser aceptada.

Por mandato divino, los ejércitos de Israel caminan alrededor de Jericó una vez cada día durante seis días consecutivos. Marchan en completo silencio. Nadie debe pronunciar palabra alguna. Desde lo alto de los muros, los habitantes de la ciudad observan con temor, aunque se tranquilizan pensando que, si los israelitas solo siguen caminando alrededor de la ciudad, sus muros enormes serán una buena defensa contra ellos. Sin embargo, algo extraño se percibe en el ambiente. Hay una tensión que no se puede explicar.

Llega el séptimo día. Esta vez Israel no se detiene tras la primera vuelta. Continúa marchando, una y otra vez, hasta rodear la ciudad siete veces, tal como Dios lo había ordenado. No serán los israelitas quienes derriben los muros; será Dios mismo quien lo haga.

Al terminar la séptima vuelta, el pueblo se detiene. Las trompetas resuenan, se da la orden y todo Israel grita con todas sus fuerzas. Entonces Dios derriba los imponentes muros y la ciudad queda completamente indefensa ante su poder. Israel avanza y destruye todo a su paso... todo, excepto una casa.

Rahab y toda su familia fueron salvados de la destrucción de Jericó. Dios preservó sus vidas. Aunque la casa estaba construida sobre la muralla, no sufrió daño alguno cuando los muros cayeron. Allí se cumplió la promesa divina: Dios protegió a todos los que se habían refugiado en esa casa. Él había enviado a dos hombres para rescatarlos, había visto el corazón de Rahab, y ahora llegaba el momento de completar su salvación.

Los dos jóvenes fueron enviados para sacarla de la ciudad junto con todos los suyos. Ese día marcó el inicio de una nueva etapa en la vida de esta mujer. La vida que había llevado en Jericó quedó atrás; algo completamente nuevo comenzaba para ella.

Esto es exactamente lo que sucede cuando una persona se encuentra con Dios. La Escritura lo expresa así: "De modo que, si alguno está en Cristo, nueva criatura es; las cosas viejas pasaron; he aquí, todas son hechas nuevas."[1]

Un nuevo comienzo se abre, una página en blanco aparece frente a nosotros. Lo que Rahab encontró ese día en Jericó fue mucho más que la preservación de su vida. Recibió la oportunidad de empezar de nuevo, de cero, con una historia diferente.

Un nuevo comienzo

Muchas personas intentan comenzar otra vez, pero cargan siempre con el peso de su pasado, como si estuvieran condenadas a arrastrarlo para siempre. Con Dios no es así. Cuando Él te da un nuevo comienzo, lo hace de verdad: el pasado es perdonado y dejado atrás. Rahab no continuó

[1] 2 Corintios 5:17

viviendo lo que antes había sido. No pasó de ser prostituta en Jericó a serlo en Israel. No, esa vida quedó sepultada en Jericó.

¿Qué esperanza tenía una prostituta de Jericó de poder cambiar su vida, de ser restaurada, de poder ser feliz? Ninguna… humanamente hablando. Pero cuando te encuentras con Dios cosas grandes pasan.

La historia de Rahab es mucho más que el relato de las vivencias de una prostituta procedente de una ciudad perversa. Es el testimonio vivo de lo que ocurre cuando el ser humano se encuentra con Dios y es rescatado del pecado. Es la evidencia de que la gracia de Dios transforma, de que el pasado no define el futuro y de que, cuando Dios salva, lo hace de manera completa y real.

Rahab llega al campamento de Israel y se establece allí junto con su familia. Con el paso del tiempo, su vida comienza a reconstruirse. Se enamora y se casa con Salmón, un príncipe de la tribu de Judá. Si alguna vez piensas que, por causa de tus errores, ya no tienes derecho a ser feliz, solo mira esta historia y observa lo que Dios es capaz de hacer con esta joven.

De ese matrimonio nace un hijo a quien llaman Booz, él será protagonista en la historia del próximo capítulo. Booz tendrá a su vez un hijo llamado Obed; Obed será padre de Isaí, e Isaí será el padre de David, el más grande rey de Israel. De ese linaje descendería Jesús, el Salvador prometido.

Lo que comenzó como una vida marcada por el pecado termina redimida y convertida en parte del plan eterno de Dios. Así actúa la gracia: toma aquello que el mundo ha manchado y descartado como irrecuperable, y lo transforma en un instrumento de bendición.

Si fueras a compartir tu linaje y contar quiénes fueron tus antepasados, sin duda escogerías mencionar a los más destacados, respetados o influyentes. Sin embargo, en la lista de los antepasados de Jesús aparece Rahab, mencionada por nombre. Es una de las cuatro mujeres incluidas en esta lista. No se encuentra allí para recordar su pasado ni para señalar sus pecados, sino para trasmitir el verdadero mensaje de su historia: Rahab no fue una vergüenza que debía ocultarse, sino el testimonio vivo de lo que sucede cuando tú te encuentras con Jesús.

A pesar de todo —del perdón de Dios y de la posibilidad real de comenzar de nuevo— los seres humanos no olvidamos. Una vez que marcamos a alguien, rara vez se retira esa marca. Cuando hablamos de Rahab, casi siempre añadimos su trabajo inicial: "la ramera", que significa prostituta; solo que usamos un lenguaje más refinado para decir lo mismo. Tal vez para no sonar vulgares o para sentir que somos más educados. La realidad es que no perdonamos como Dios lo hace. Olvidamos nuestros errores, pero no los ajenos. Señalamos a otros por sus faltas mientras esperamos comprensión y misericordia para las nuestras. Somos así.

Cuando hablamos de David, recordamos a Goliat, pero Betsabé nunca se olvida. Tampoco Urías. Somos expertos en traer el pasado al presente y marcar a las personas con etiquetas que, una vez puestas, duran para siempre. Nosotros no damos nuevos comienzos; pero Dios sí.

Para nosotros Rahab siempre será Rahab la ramera. Para Dios, no. Para Dios, ella solamente es Rahab, la joven de Jericó.

CAPÍTULO 5

Rut

El sol comenzaba a ocultarse tras la montaña. La noche se acercaba y las sombras se alargaban a medida que la fuente de luz desaparecía en el horizonte. Allí, en una cueva, donde vivían Lot y sus dos hijas después de haber sido salvados de la destrucción de Sodoma y haber huido de la ciudad de Zoar, comenzaban los preparativos para pasar una noche más. Una que sería diferente, aunque todo parecía transcurrir como de costumbre.

Las hijas de Lot comienzan a darle vino a su padre, hasta embriagarlo. Han ideado un plan. Uno que no tiene sentido para nadie más que para ellas. Han llegado a la conclusión de que nunca podrán casarse porque, según su percepción, ya no quedan hombres en la tierra. A veces deliramos con la realidad: vemos cosas que no son. Imaginamos un mundo que no existe, pero que, a través de los lentes con los que miramos, nos parece palpable, real.

Lo cierto es que no siempre somos conscientes de todo lo que nos rodea, sino solo de aquello que vemos. Para ellas, al vivir aisladas en una cueva, lejos de la gente, comenzó a ser fácil pensar que ya no quedaba nadie más para casarse, ¿quién se interesaría en buscar dos muchachas escondidas en una cueva en las montañas? Han olvidado todo: a su familia, personas que vivían alrededor, en lugares vecinos.

El mundo no ha sido destruido, aunque su mundo sí se ha venido abajo. Primero, la pérdida de su hogar en Sodoma. Luego, la muerte de su madre mientras huían, porque no quiso dejar atrás aquello que perecía. Después, Zoar, una pequeña ciudad tan perversa como Sodoma, a la que Dios preservó por un tiempo antes de destruirla. Ahora solo quedan las montañas, y su mundo se ha ido encogiendo hasta parecer reducido a una cueva y tres personas.

Deseando preservar un legado, tener descendencia, ellas actúan en base a lo que han vivido, a aquello que han aprendido. Deciden cometer incesto con su padre. Claro, saben que él no lo hará voluntariamente, así que lo emborrachan hasta que no distinga nada. Un día la hermana mayor y al siguiente la menor. Su pecado es consumado y ambas quedan embarazadas.

La influencia de la sociedad

Muchas veces pensamos que la sociedad en la que vivimos no ejerce influencia sobre nosotros. Que lo que hacemos, creemos o incluso preferimos es simplemente el resultado de nuestras propias decisiones y convicciones personales. Nada más lejos de la realidad. Esta historia es un claro ejemplo de cómo el lugar en el que vivimos y las personas que nos rodean influyen profundamente en quiénes somos, en cómo nos comportamos y en los valores que terminamos adoptando.

La sociedad tiene su propia identidad. Aunque está formada por las personas que la componen, desarrolla principios, metas, ideas y valores propios. No solo los posee, sino que también los promueve e impone allí donde ejerce influencia. No necesita un cuerpo armado para hacerlo. La presión social suele ser suficiente para que muchos cedan, simplemente porque no quieren quedar mal ante la opinión de los demás.

Una sociedad no siempre promueve los valores de la mayoría, sino los de aquellos que controlan la autoridad, la educación y los medios de comunicación. Censura las voces disidentes, silencia las ideas diferentes y rechaza los valores contrarios, mientras "obliga" a adoptar los propios.

La sociedad se atribuye la autoridad de decidir qué considera bueno y qué no. Dentro de su esfera de influencia impone lo que aprueba y condena lo que se opone a su visión. Adoctrina no solo con palabras, sino también con los comportamientos que exalta y con aquello que presenta como deseable o correcto.

Esto no es un problema del pasado ni algo exclusivo de Sodoma o de las culturas antiguas. Es una realidad vigente hoy. Vivimos en sociedades que moldean la manera en la que pensamos, hablamos y actuamos. Se nos dice qué debemos aceptar, qué debemos celebrar y qué rechazar. Pero lo peor de todo ocurre cuando experimentamos esto sin darnos cuenta de lo que está pasando. Porque entonces creemos que esos son nuestros pensamientos o nuestros valores, cuando todo se trata de la influencia o el adoctrinamiento que la sociedad, a la que elegimos pertenecer, ejerce sobre nosotros.

Hoy también se censuran ideas, se silencian convicciones y se desacredita a quienes no repiten el discurso dominante. Valores que durante siglos fueron considerados fundamentales ahora son cuestionados o cambiados; mientras otros, claramente dañinos, son promovidos como normales o incluso virtuosos. Quien no los acepta es etiquetado, marginado, "cancelado" y en ocasiones hasta asesinado. No exagero con esto último.

Al igual que Sodoma, el problema no es solo lo que la sociedad permite, sino lo que llega a normalizar. Cuando una cultura insiste lo suficiente, termina formando conciencias, deformando criterios y confundiendo el bien con el mal. Y, muchas veces, sin darnos cuenta, comenzamos a pensar, hablar y actuar conforme a esos patrones. Creyendo que son decisiones propias, cuando en realidad han sido aprendidas o impuestas.

Pero, por encima de la sociedad existe una autoridad superior: Dios. La sociedad puede ejercer autoridad dentro de su área de influencia, pero la autoridad de Dios es absoluta, no tiene límites y lo abarca todo. Es Dios —y no la sociedad— quien define lo que es bueno y lo que es malo.

Los valores, principios y cualidades que proceden de Dios son aquellos que pertenecen al bien. Todo aquello que se aparta de ellos, no importa cuánto la sociedad lo promueva o lo normalice, sigue siendo pecado. Por ejemplo, la bondad es una cualidad del carácter de Dios y un principio de su reino. La sociedad, en cambio, puede celebrar la avaricia, el egoísmo o la ambición desmedida, incluso promoverlos abiertamente. Pero eso no los convierte en algo bueno. La sociedad no tiene el poder para definir el bien y el mal; solo puede decidir qué acepta o qué rechaza.

Hay ocasiones en las que la sociedad y Dios coinciden en aquello que consideran bueno, correcto o loable. Por ejemplo, no vemos bien que una persona robe a otra ni que alguien maltrate a su prójimo; lo consideramos incorrecto. Por lo menos la mayoría lo piensa así. No obstante, hay lugares donde la sociedad aprueba y hasta defiende al criminal, mostrando complicidad con este.

Podemos mencionar otros ejemplos. Uno de ellos es la familia: formada por el padre, la madre y los hijos. Son los padres los responsables de cuidar y educar a sus hijos mientras les enseñan a amar a Dios y, por tanto, los valores y principios de bien. La sociedad hoy aborrece la familia como Dios la estableció y en su lugar ha creado su propio concepto familiar en el que los padres pueden ser cualquiera y la sociedad es la que educa a los hijos y tiene el poder sobre ellos. Se ha llegado al punto de que, si sus padres biológicos se oponen a esta, ella es capaz de quitarles la custodia de sus propios hijos y entregarla a "padres" que actúen acorde con lo que la sociedad dicte.

Qué podríamos decir de los conceptos que definen a un hombre o a una mujer. Preguntas tan simples como "qué es una mujer" hoy son un problema en la sociedad en la que vivimos. Y qué decir sobre la santidad de la vida, aun antes del nacimiento. Esta es una batalla más real y amplia de lo que muchas personas pueden percibir. Una lucha en la que hay valores y principios en juego. Pero, sobre todo, que define quién es la autoridad sobre mi vida.

En ese punto surge una pregunta inevitable: ¿a quién obedecemos? ¿A Dios o a la sociedad a la que pertenecemos? La respuesta a estas preguntas determina nuestros valores, nuestras decisiones y, en última instancia, el rumbo de nuestra vida.

Cada vez que Dios y la sociedad no coinciden, estamos delante de una decisión que revela quién gobierna realmente sobre nosotros. No se trata solo de normas externas, sino de lealtades internas, del corazón. ¿Quién tiene la última palabra en tu vida? ¿La cultura que te rodea o Dios que te creó?

El origen de dos naciones

Regresamos a la cueva. Las hijas de Lot han abrazado los principios de la sociedad en la que crecieron. Ya no perciben como algo tan grave lo que están haciendo, al menos no después de construirse una excusa tan absurda como creer que no quedaban en la tierra hombres con quienes pudieran casarse. De esta unión incestuosa, ocurrida en aquellas dos noches trágicas, nacieron dos hijos que darían origen a dos naciones: los moabitas y los amonitas.

El tiempo nos ha mostrado una gran verdad: el ser humano no tiene una tendencia natural a mejorar. Cada generación que pasa queda más afectada por el pecado que la anterior. No mejoramos moralmente con el transcurso del tiempo; ocurre todo lo contrario. La corrupción aumenta con el pasar de las generaciones. Si el origen de estas dos naciones fue así, resulta fácil imaginar la degradación moral que existía en ellas siglos más tarde.

No obstante, en todo lugar y en toda generación hay personas sinceras, que aman lo bueno y buscan algo distinto a lo que el pecado ofrece, aun cuando no comprendan del todo lo que están buscando. Incluso allí donde el pecado domina con mayor fuerza, donde la maldad parece abundar por todas partes, Dios sigue encontrando corazones dispuestos. De una de esas personas vamos a hablar hoy.

Hambre en la tierra

En la región oriental del Jordán, en lo que hoy conocemos como Jordania, se había asentado la nación moabita. En esa tierra llana y fértil vivía una familia que tendrá un papel importante en esta historia. En ella nació una niña a quien sus padres llamaron Rut. No era una familia influyente ni pertenecía al linaje real de Moab; eran simplemente otra familia moabita, común y sencilla.

Al mismo tiempo, se está desarrollando otra historia también. En este caso, de una familia en la ciudad de Belén. Las condiciones allí se han vuelto difíciles. Las cosechas ya no producen lo suficiente para subsistir y apenas logran salir adelante. En momentos así, cuando la crisis aprieta, las decisiones se vuelven urgentes y, muchas veces, determinantes. No siempre se elige lo mejor, sino lo que parece ofrecer una solución inmediata.

Un día, Elimelec escucha que en las llanuras de Moab no hay escasez de alimento. Pensando en la seguridad y supervivencia de su familia, decide reunir lo poco que tienen y emigrar a esa tierra, donde al menos hay pan. Es una decisión tomada bajo presión, una de esas elecciones que nacen del temor a no sobrevivir y que, sin saberlo, pueden cambiar el rumbo de toda una familia.

La procesión de cuatro personas comienza. Elimelec, Noemí y sus hijos, Malón y Quelión, emprenden el camino hacia el oriente. Cruzan el río Jordán, llegan a las tierras de Moab. El país no es pequeño; hay muchos lugares donde podrían establecerse. Sin embargo, aunque todavía no lo saben, Dios los está guiando.

Han sido enviados —sin ser conscientes de ello— para encontrarse con una joven a quien Dios conoce bien, alguien que anhela algo mejor, algo distinto de lo que ha vivido hasta entonces. Algo diferente a sus dioses y a la degradación moral de la sociedad en la que creció. Dios ha puesto su mirada en ella, y esta familia forma parte del camino que Él está trazando para alcanzarla.

Muchas veces hablamos de casualidad simplemente porque vemos cómo las piezas encajan, sin alcanzar a percibir todo lo que ocurre fuera del alcance de nuestros ojos. Pero con Dios la casualidad no existe. Él ha estado moviendo cada cosa. Ha guiado a esta familia desde Belén, en el territorio de la tribu de Judá, hasta el mismo lugar donde vivía la familia de Rut.

Dios no siempre obra con señales visibles ni con majestuosos milagros. Muchas veces actúa en silencio, sin anunciarlo. Sin que nadie se dé cuenta de lo que está haciendo. No envía ángeles para que nos expliquen su plan ni voces desde el cielo que aclaren su propósito. Simplemente mueve personas, circunstancias.

Mientras Elimelec y Noemí solo buscan sobrevivir, Dios está escribiendo una historia mucho más grande de lo que ellos pueden ver. Cada paso que dan hacia Moab los acerca al encuentro que cambiará la vida de una joven moabita y, con el tiempo, completará una historia de redención.

En muchas ocasiones, Dios actúa en nuestra vida mientras nosotros creemos que simplemente estamos resolviendo problemas. Pensamos que tomamos decisiones prácticas, pero detrás de ellas hay una mano invisible guiando el camino. Cuando miramos hacia atrás, entendemos que nada sucedió al azar. Todo formaba parte de un plan que, en su momento, no podíamos ver.

No todo lo que ocurre en esta vida es bueno. Ya hemos hablado muchas veces del pecado y, en esta historia, veremos con claridad algunas de sus consecuencias. Elimelec enferma; su salud se deteriora poco a poco. Noemí hace todo lo que está a su alcance para ayudarlo, pero finalmente muere. Ahora ella queda sola con sus dos hijos en un país extraño.

Pero Noemí es una guerrera, se levanta y lucha. Hay que seguir adelante. Malón y Quelión, ya jóvenes, apoyan a su madre después del duro golpe que significó la muerte de Elimelec.

Con el tiempo, ambos se enamoran de dos jóvenes moabitas: una se llama Rut y la otra Orfa. Noemí reúne lo poco que tienen para pagar la dote de ambas, y los matrimonios se formalizan. La familia crece y una nueva etapa comienza. Un matrimonio había llegado desde Belén; ahora hay dos formados en Moab. Por un momento, parece que las cosas comienzan a mejorar.

Pero en este mundo, cuando creemos que por fin todo va a salir bien y que los problemas darán un respiro, llegan las sorpresas… y no siempre son buenas. Algo sucede con los dos hijos de Noemí. Enferman gravemente. No saben qué tienen y, en ese tiempo, la medicina poco podía hacer por ellos. Solo queda esperar y ver si sus cuerpos jóvenes logran resistir y vencer la enfermedad.

Poco a poco se debilitan, y Noemí comienza a presentir lo peor. Primero muere uno; luego, el otro. Ambos hermanos fallecen, dejando atrás a su madre y a dos jóvenes esposas. Ahora son tres mujeres solas, tres viudas, enfrentando un dolor que parece imposible de cargar.

El silencio que queda después de la muerte es ensordecedor. Noemí ha perdido a su esposo y ahora también a sus dos hijos. Todo aquello por lo que luchó, parece habérsele escapado de las manos. En una cultura donde el futuro de una mujer dependía de su esposo o de sus hijos varones, Noemí ya no tiene nada. No hay herencia, no hay protección, no hay esperanza visible.

Está en tierra extranjera, rodeada de recuerdos que ahora duelen. Cada rincón de Moab le recuerda lo que fue y lo que ya no es. El hambre la sacó de Belén buscando sobrevivir, ahora la muerte la ha alcanzado lejos de casa. A su lado han quedado sus nueras, dos jóvenes viudas que también lo han perdido todo. Pero ahora Noemí comienza a pensar en casa.

Es en este punto cuando Noemí toca fondo, la historia parece cerrar en un desastre total. Todo indica que ya no hay nada más que perder. Pero, es precisamente en ese momento —cuando la esperanza se apaga—, que Dios comienza a preparar algo nuevo, aunque Noemí todavía no lo puede ver.

Noemí ya era una mujer mayor; sus años de juventud habían quedado atrás y sus fuerzas comenzaban a disminuir. Rut y Orfa, en cambio, aún eran jóvenes y podían ayudarla. Sin embargo, Noemí se preocupaba profundamente por ellas. Sabía que no podía ofrecerles lo que necesitaban y no estaba dispuesta a utilizarlas para su propio beneficio.

Además, ser viuda en aquel tiempo era un problema serio. Existía la creencia popular de que la viudez era una señal del desagrado de Dios. Por eso, muchos evitaban acercarse o ayudar, ¿y si ayudarlas les traía a ellos también desgracias? En Moab no existía provisión alguna para el cuidado de las viudas. Estaban completamente desamparadas. Pero Israel era otra historia. Dios había establecido leyes que ayudaban a los pobres, también a las viudas. Si tan solo hubiera alimento allá…

Hasta aquí hemos visto algo importante: Dios ha estado guiando los pasos de esta familia. Normalmente ya estaríamos poniendo el punto final a esta historia. Pero el plan de Dios aún no ha terminado; todavía queda una parte por cumplirse.

Pero es importante que aclaremos algo aquí: Dios no envió la enfermedad que causó la muerte de Elimelec, ni quitó la vida a Malón o a Quelión. Todo eso es consecuencia del pecado que gobierna este mundo. Sin embargo, Dios sí tiene el poder de tomar aquello que el pecado ha destruido y sacar algo bueno de ello: dar fuerzas donde solo hay debilidad y abrir un futuro donde solo parece haber desgracia. Y Dios cambiará el final de esta historia. No obstante, ese plan estará condicionado por las decisiones humanas, como pronto veremos.

Justo en el peor momento, llega a oídos de Noemí la noticia de que el hambre en Belén ha terminado. Al iniciar esta historia vimos cómo Dios cerró una puerta en Israel y abrió otra en Moab, conduciendo a Noemí hasta allí. Ahora, la puerta para permanecer en Moab se ha cerrado y una nueva se abre: el regreso a Israel.

Dios guía constantemente nuestros pasos. Muchas veces vemos puertas cerrarse y pensamos que todo está perdido. Pero Dios tiene el control. No hay que desesperar. Cuando una puerta se cierra, Él siempre tiene otra preparada.

¿Israel o Moab?

Noemí toma la decisión de regresar a Israel, a Belén, a casa. No va sola; sus dos nueras caminan con ella. Han sido fieles. Se han portado bien. Sin embargo, Noemí no quiere forzarlas a renunciar a sus raíces ni obligarlas a ir a Israel, un país distinto, solo para acompañarla. Sabe que seguirla implicaría dejar atrás su tierra, su gente, lo conocido.

Las tres se detienen. Noemí les agradece a sus nueras la fidelidad que le han mostrado, pero es honesta con ellas: ya no tiene más nada que ofrecerles. No puede garantizarles un futuro, ni seguridad, ni estabilidad. Ella misma no sabe qué va a hacer. Rut y Orfa insisten en seguirla, pero Noemí vuelve a pedirles que regresen a casa. Las libera de todo compromiso con ella. Les da permiso para volver a sus familias, para comenzar de nuevo, para formar otro hogar y continuar con sus vidas.

Orfa, entre lágrimas, se despide de su suegra y de Rut. Luego regresa a casa. Rut no lo hace.

Una vez más, Noemí insiste en que vuelva, pero Rut ya ha tomado una decisión firme, una que cambiará su historia para siempre. Entonces responde con palabras que atraviesan los siglos: "No me pidas que te deje y me aparte de ti; porque a donde quiera que tú vayas, iré yo; y donde quiera que vivas, viviré yo. Tu pueblo será mi pueblo, y tu Dios mi Dios."[1]

Orfa ha regresado a casa y nunca más sabremos nada de ella. Rut, en cambio, ha tomado la decisión más importante de todas. No solo ha elegido permanecer con Noemí, sino ha decidido que el Dios de Noemí también sea su Dios. Y eso lo cambia todo.

Si Rut hubiera hecho lo mismo que su cuñada, habría desaparecido como Orfa. Pero eligió distinto. Y por esa decisión hoy conocemos su nombre, su historia y el propósito que Dios tenía reservado para ella.

La decisión de Rut no fue emocional ni impulsiva. No fue una frase bonita dicha en medio del llanto. Fue una renuncia consciente. Rut estaba dejando atrás su tierra, su cultura, su familia, su idioma, su identidad. Elegir a Noemí significaba elegir pobreza. Elegir al Dios de Israel significaba convertirse en extranjera en una tierra que no la esperaba con los brazos abiertos.

Rut no sabía lo que vendría después. No tenía promesas visibles, ni garantías, ni plan B. No sabía si en Israel alguien la cuidaría, si algún día alguien la volvería a amar. Solo sabía una cosa: no quería volver atrás. Había visto algo en Noemí, algo en su Dios, que valía más que todo lo que estaba dejando.

---

[1] Rut 1:16

Seguir a Dios casi nunca significa elegir el camino fácil. Significa, muchas veces, soltar lo seguro y caminar por fe. Significa perder lo conocido para abrazar lo correcto. Rut pudo haber regresado a Moab. Eso era lo lógico, lo esperable, lo razonable. Pero no era lo que Dios estaba haciendo en su corazón.

En este punto, esta historia nos alcanza a todos. Hay decisiones que parecen pequeñas, pero definen toda una vida. Momentos en los que nadie nos obliga, nadie nos presiona, nadie nos observa. Solo estamos frente a esta elección: volver atrás o avanzar con Dios. Permanecer donde todo es conocido o caminar hacia lo desconocido confiando en Él. Rut no eligió a Israel por conveniencia. Eligió a Dios por convicción. Y esa es la diferencia.

Muchos desean recibir los beneficios de Dios sin un compromiso con Dios. Quieren bendición sin renuncia, promesas sin obediencia, salvación sin entrega. Pero el camino del reino nunca ha funcionado así. Jesús lo dejó claro: "El que quiera venir en pos de mí, niéguese a sí mismo."[1] Rut hizo exactamente eso.

Ese día, en un camino polvoriento entre Moab y Belén, Rut murió a su pasado para iniciar un futuro que solo Dios podía escribir. No sabía muchas cosas que nosotros hoy ya conocemos y de las que vamos a hablar en un instante. Pero eso fue suficiente. Dios nunca exige que sepamos cómo terminará la historia. Solo nos pide que demos el primer paso. El resto, Él se encarga de escribirlo.

De vuelta a casa

Con paso lento avanzan Noemí y Rut por el camino que conduce a Belén. No se regresa con alegría cuando se vuelve con las manos vacías. Cada paso pesa, no solo por el cansancio del viaje, sino por todo lo que quedó atrás. Tras un caminar largo y penoso, finalmente llegan a la ciudad.

Las mujeres del lugar la reconocen y se acercan emocionadas a saludar a Noemí. Diez años habían pasado desde su partida. Pero algo no encaja. Noemí no regresa como se fue. No hay esposo a su lado, no hay hijos que la acompañen. Solo una joven desconocida camina junto a ella.

[1] Mateo 16:24

Poco a poco se acercan a la casa donde un día fueron felices, cuando aún estaban completos. El lugar está descuidado, cubierto de polvo y abandonado. Como si el tiempo hubiera pasado sin piedad. Aun así, es su casa. Han llegado al final del camino. Ahora pueden descansar… pero solo por un momento. Pronto la realidad se impone: no hay comida, no hay dinero, no hay provisiones. La pobreza es absoluta. La pregunta inevitable: ¿cómo van a sobrevivir?

Como ya mencionamos, Dios había establecido en Israel leyes pensadas para proteger a los más vulnerables. Los pobres podían ir a los campos durante la cosecha y recoger las espigas que quedaban atrás o los frutos que no habían sido recogidos. Era una provisión digna, una oportunidad para vivir.

Esa noche duermen como pueden. Al amanecer, mientras Noemí aún descansa, Rut se levanta. Sin hacer ruido, sale de la casa y se dirige a los campos cercanos. No sabe qué le espera, solo sabe que no pueden quedarse con los brazos cruzados. Ha llegado el momento de actuar. Noemí, ya era mayor y estaba agotada por los años y el dolor, no tenía fuerzas para hacerlo. Así que Rut toma la responsabilidad de cuidar de su suegra.

La joven llega al campo justo cuando el trabajo del día acaba de comenzar. Se acerca al encargado de los segadores y, con humildad, le pide permiso para ir detrás de los trabajadores recogiendo las espigas que vayan quedando. Nadie se opone. Trabaja en silencio, sin llamar la atención, inclinándose una y otra vez para recoger lo poco que queda atrás. Nadie la molesta; ella simplemente trabaja.

A media mañana, el dueño del campo llega para supervisar la labor. Al notar a una mujer desconocida entre los segadores, pregunta quién es. Sus trabajadores le explican que se trata de Rut, la moabita que había regresado junto con Noemí desde las tierras de Moab. Booz escucha con atención. Él conocía bien a Noemí y, además, era pariente cercano de Elimelec.

De pronto, Rut se da cuenta de que el dueño del campo se dirige hacia ella. Su corazón se acelera. ¿La echará? ¿Le dirá que no puede estar ahí? Pero las palabras que salen de la boca de Booz no son duras ni acusadoras; están llenas de respeto y bondad:

—Escucha, hija —le dice—. No vayas a otro campo ni te alejes de aquí. Quédate junto a mis criadas. He dado la orden a mis trabajadores para que no te molesten. Cuando tengas sed, bebe del agua que ellos han preparado.

Rut queda desconcertada. No entiende por qué la tratan así. Ella es extranjera, una moabita, alguien que no pertenece a Israel. Entonces se inclina y, con sinceridad, se pregunta qué ha hecho para merecer tanta bondad.

Muchas veces, la primera imagen que una persona tiene de Dios no viene del cielo, sino del trato que recibe de quienes dicen creer en Él. La misericordia, la dignidad, el respeto que Booz muestra no solo confortan a Rut, sino también están moldeando su visión de Dios.

Booz continúa hablando, dejando claro que nada ha pasado desapercibido:

—He sabido todo lo que has hecho por tu suegra después de la muerte de tu esposo: cómo dejaste la casa de tus padres, tu tierra natal, y viniste a un pueblo que no conocías.

Rut no ha llegado a este campo por casualidad. No fue Noemí quien le indicó ir allí. Dios había puesto a Booz en su camino, así como había puesto a Rut en el camino de Noemí. Así actúa Dios: No siempre aparece en medio de truenos ni con señales visibles, sino colocando personas justas en el momento preciso, cuando más se necesitan. Personas que, con un acto de bondad, se convierten en respuesta a una oración.

Booz estaba admirado por la bondad de Rut. No solo había dejado su tierra, su gente y su pasado por Noemí, sino que ahora trabajaba con esfuerzo para sostenerlas a ambas. Tanta bondad y entrega no eran comunes. Las circunstancias no definen quienes somos, nosotros decidimos cómo reaccionamos ante ellas. Rut podría haberse amargado o rendido, pero eligió luchar, seguir adelante. La adversidad no pudo sacar lo peor de ella, sino lo mejor.

Cuando llega la hora de comer, Booz la invita a sentarse con los demás. Rut come hasta saciarse; tenía hambre. Sin embargo, guarda parte de la comida. No piensa solo en sí misma. Estos pequeños gestos, casi invisibles para muchos, revelan nuestro verdadero carácter. Rut no tenía ninguna obligación de llevarle comida a su suegra. Podría haber comido todo y nadie lo habría sabido. Pero entonces no sería Rut. Actuamos conforme a quienes somos, porque nuestros principios gobiernan nuestras decisiones mucho más de lo que creemos.

Al terminar la jornada, Rut regresa cargando una cantidad sorprendente de cebada, unos veinte kilos. El paso es lento por el peso, pero su corazón va lleno de alegría. Al llegar a casa, Noemí queda asombrada. Esa cantidad no era normal para una jornada recogiendo espigas detrás de los segadores. Algo había ocurrido. Aún más, Rut le entrega la comida que había guardado para ella.

La curiosidad de Noemí ha despertado. ¿Cómo había sido posible todo esto? Poco a poco, Rut le cuenta lo sucedido y le habla de la bondad del dueño del campo, un hombre llamado Booz. Noemí escucha con atención y comienza a entender algo de lo que no había podido ver hasta ese momento: Dios no las había olvidado. Él estaba obrando, abriendo caminos donde solo veían necesidad.

Así transcurre el tiempo de la siega. Día tras día, hay provisión. Día tras día, hay cuidado. Dios está presente, silencioso pero fiel. Guiando cada paso. Recordándoles que aun en medio de la pérdida y el dolor, Él sigue siendo el Dios que ve, provee y sostiene.

Redención

La cosecha está llegando a su fin. Toda la cebada había sido recogida y enormes montones se levantaban por todo el campo, señal de un trabajo concluido y de abundancia. En ese contexto, una idea cruza como un rayo la mente de Noemí. ¿Y si…?

De inmediato llama a Rut y le comparte lo que acaba de pasar por su mente. Booz no era solo un hombre bondadoso; era también pariente cercano de Elimelec. Y en Israel, Dios ha establecido una provisión especial para situaciones como las de ellas. Era la ley del pariente redentor.

Según esta ley, un familiar cercano tenía la responsabilidad de rescatar a la familia de un pariente fallecido que no había dejado descendencia. Esto incluía fundamentalmente dos acciones. La primera era recuperar la tierra de la familia que, por necesidad, habían sido vendidas o habían pasado a manos de otros, asegurando que la herencia no se perdiera. La segunda, aún más significativa, era casarse con la viuda, de modo que el primer hijo nacido de esa unión llevara el nombre del esposo fallecido y su nombre no desapareciera de Israel.

Había una posibilidad real de que el futuro de ambas cambiara por completo. Por primera vez en mucho tiempo, la esperanza no era solo un deseo, sino una puerta entreabierta. Sin embargo, todo dependía de algo que escapaba a su control: que el pariente cercano quisiera ejercer su derecho a redimirlas. Nada estaba garantizado.

Noemí lo entendía bien. También sabía que, si no actuaban, la oportunidad podía perderse. Así que tomó una decisión. No podía obligar a nadie, lo que hiciera Booz no estaba en sus manos, pero ella sí podía dar el primer paso. Haría su parte, aunque no pudiera controlar los resultados. Todavía hoy decimos que no hay peor gestión que la que no se hace.

Cuando Noemí le explica el plan a Rut, el corazón de la joven se llena de tensión. No es una propuesta sencilla ni cómoda. No se trata solo de seguir instrucciones; se trata de exponerse, de arriesgar su dignidad, su reputación, su futuro. Rut entiende que ese paso puede abrir una nueva vida… o cerrarle todas las puertas para siempre. Aun así, no se resiste. No discute. Confía. Una vez más decide obedecer, aun sin saber cómo terminará la historia.

Llega la noche de la celebración de la cosecha. Los trabajadores han comido, han bebido y, vencidos por el cansancio, duermen en el campo junto a los montones de grano. La oscuridad lo cubre todo. Rut avanza en silencio, con cuidado de no despertar a nadie. Cada paso pesa. No es miedo lo que la mueve, es respeto, prudencia, es la consciencia de la gravedad del momento.

Cuando encuentra a Booz dormido, hace exactamente lo que Noemí le indicó: descubre con cuidado sus pies y se acuesta allí. No dice una palabra. No exige nada. Solo espera.

En la madrugada, Booz se despierta sobresaltado. Algo no está bien. Al incorporarse, distingue la silueta de una mujer acostada a sus pies. La sorpresa es total.

—¿Quién eres? —pregunta.

La respuesta de Rut es breve, clara y al punto:

—Soy Rut, tu sierva. Extiende el borde de tu manto sobre mí, porque tú eres pariente cercano.

Booz no esperaba esto. Nunca imaginó que Rut lo elegiría a él, pudiendo comenzar una nueva vida con alguien más joven. No hay incomodidad en su reacción, sino respeto y alegría contenida. Reconoce la nobleza del gesto, la integridad del corazón de Rut. Sin embargo, Booz le explica que existe otro pariente más cercano que tiene prioridad en el derecho de redención. No puede saltarse el orden establecido. Pero le promete algo: al amanecer resolverá el asunto. Si el otro pariente no quiere redimirlas, él lo hará.

Rut regresa a casa antes de que despunte el día, llevando consigo no solo grano, sino esperanza. Nada está definido todavía, pero algo ha cambiado. Dios ha movido las piezas. El desenlace está cerca.

Con las primeras luces del día, Booz sale directamente hacia la puerta de la ciudad, el lugar donde se resolvían los asuntos legales, se hacían los acuerdos y se tomaban las decisiones. Allí se reunían los ancianos y también los testigos.

Booz espera con paciencia, observando a quienes pasan. Finalmente, ve acercarse al pariente más cercano, aquel que tenía el primer derecho —y la primera responsabilidad— de redimir a la familia de Elimelec. Lo llama de inmediato y, reuniendo a unos diez hombres como testigos, inicia la conversación de manera clara y ordenada.

Primero presenta el asunto de las tierras que habían pertenecido a Elimelec. Le recuerda a su pariente que Noemí ha regresado y que esas tierras deben ser redimidas para que vuelvan a pertenecer a la familia. Él tiene la primera opción; Booz quedaría en segundo lugar. El hombre no ve inconveniente alguno. Redimir las tierras le parece bien y acepta hacerlo a fin de que permanezcan dentro de la familia.

Pero Booz aún no ha terminado. Entonces añade lo que no se puede separar del trato: —El día que compres las tierras, deberás también tomar por esposa a Rut, la moabita, viuda de Malón, para que el nombre del difunto no desaparezca de Israel.

Ahí cambia todo. El pariente duda. Comprende de inmediato las implicaciones. Ya tiene esposa, ya tiene hijos, y asumir esta responsabilidad significaría dividir su herencia y poner en riesgo lo suyo. Lo que antes parecía una oportunidad, ahora se convierte en una carga que no está dispuesto a asumir.

Sin rodeos, renuncia a su derecho y cede su lugar a Booz. Conforme a la costumbre de la época, el acuerdo se sella de manera pública, en presencia de los testigos, cuando el pariente se quita una de sus sandalias y se la entrega a Booz, dejando claro ante todos que ha transferido su derecho de redención.

Con el camino libre, Booz actúa sin demora. Redime las tierras que habían pertenecido a Elimelec y a Noemí, y toma a Rut por esposa. La boda se celebra con gozo. Lo que comenzó con hambre, pérdida y muerte, ahora se transforma en estabilidad, dignidad y esperanza.

Para Noemí y Rut, el ciclo del dolor finalmente se cierra. Ya no son viudas desamparadas. Ahora hay un hogar, hay futuro, hay paz.

En esta historia aparece una palabra clave que describe lo que Dios hace con nosotros: redención. Ser redimidos significa que alguien hace por nosotros aquello que jamás podríamos hacer por nosotros mismos. Implica rescate, restauración y un futuro que, por nuestras propias fuerzas, sería imposible alcanzar.

Detengámonos por un momento a pensar qué habría sido de Noemí y Rut si todo hubiera terminado tal y como llegaron a Belén: pobres, viudas, sin protección y sin recursos. ¿Qué habría pasado cuando ya no hubiera campos donde espigar? ¿De qué habrían vivido? ¿Cómo podrían haber recuperado las tierras de Elimelec si apenas lograban sobrevivir día a día? Su historia, sin redención, habría sido una cadena interminable de carencias, luchas y dolor hasta el final de sus vidas.

Pero nada de eso ocurrió. Todo cambió porque fueron redimidas. Ahora había estabilidad donde antes había incertidumbre, provisión donde antes había escasez, seguridad donde antes solo existía temor. Habían recuperado lo que, por sí solas, nunca habrían podido volver a tener. Y, por encima de todo, ya no estaban solas: había alguien que las cuidaba y velaba por su futuro.

Así actúa la redención. Dios hace por nosotros lo que no podemos hacer por nosotros mismos. No solo resuelve el problema inmediato, sino que transforma por completo el rumbo de nuestra historia.

¿Qué sería de nuestra vida si Dios no nos hubiera encontrado? ¿Qué sería de nosotros si tuviéramos que luchar solos? ¿Qué futuro existiría si Dios no nos hubiera redimido? ¿Dónde estaríamos si Él no hubiera llegado a nuestro camino?

Intentar simplemente sobrevivir no es vivir. Vivir sin Dios es luchar sin descanso, sin esperanza real, sin un mañana que valga la pena. Si todo dependiera solo de nuestras fuerzas, los posibles desenlaces serían muchos, pero ninguno bueno. Dolor, frustración, desgaste, sufrimiento… y al final, la muerte. Eso es lo único que el pecado puede ofrecer, porque eso es lo que el pecado es.

Pero Dios hace la diferencia. Cuando llega a nuestra vida, cuando permitimos que nos redima, hace por nosotros lo que jamás podríamos haber hecho por nuestra cuenta. Hace posible lo imposible. Nos da vida, nos da amor, nos da perdón y un futuro maravilloso. Nos rescata del pecado y nos devuelve la esperanza.

Nuestra historia puede escribirse con un redentor o sin él. Solo somos redimidos cuando lo aceptamos. Pero esa decisión lo cambia todo. Cambió la vida de Noemí. Transformó la historia de Rut. Y así también cambiará la tuya hoy.

Un detalle que no podemos pasar por alto. Rut y Booz tuvieron un hijo llamado Obed. Él fue padre de Isaí, e Isaí fue padre de David, el gran rey de Israel. Dios tomó a una joven moabita —una mujer cuya historia jamás habríamos conocido—, envió a una familia a buscarla, la trajo a formar parte de su pueblo y le concedió un privilegio impensable: ser la bisabuela del rey más grande de toda la historia de Israel. Pero ahí no termina todo. Rut también tiene el privilegio de ser parte del linaje del cual nacería el Salvador del mundo.

Rut nunca soñó con ser madre de reyes. Ese sueño estaba fuera de toda posibilidad. Pero Dios llegó… y todo cambió. Todo comenzó con una sencilla, pero vital decisión. Cuando elegimos a Dios, suceden cosas que no comprendemos y que jamás habríamos pensado. Lo que Dios tiene preparado para nosotros supera con creces el mejor de nuestros sueños.

Deja que Dios llegue. Él hace la diferencia. Déjale reescribir tu historia, como reescribió la historia de Rut.

CAPÍTULO 6

Ana

En la región montañosa del territorio asignado a la tribu de Efraín vivía una familia que será protagonista de la historia que sigue. Era un matrimonio que había comenzado con ilusión, con sueños y esperanza, pero que con el paso del tiempo se había visto marcado por una profunda frustración: no podían tener hijos. El nombre del esposo era Elcana, y Ana era su esposa.

Se amaban sinceramente, pero Ana era estéril. Los años pasaban y el anhelo de un hijo no se cumplía. No era la primera vez que una mujer estéril aparecía en la historia de Israel, ni sería la última. Podían haber esperado un poco más, seguir confiando, perseverar en la esperanza. Pero Elcana optó por el camino fácil... y muchas veces el camino fácil no es el mejor.

A la familia se añadió una segunda esposa. Nunca una tercera persona ha sido —ni será— de ayuda para el matrimonio. En una cultura donde tener hijos era considerado señal clara de la bendición de Dios, y no tenerlos era visto como un símbolo de desagrado o maldición, Elcana decidió "resolver" el problema por su cuenta. Temía quedarse sin descendencia y tomó una decisión que parecía práctica, pero que traería dolor, división y sufrimiento.

Así comienza esta historia: no con rebeldía abierta contra Dios, sino con una fe cansada; no con maldad evidente, sino con la impaciencia de querer arreglar por nosotros mismos lo que solo Dios puede resolver.

Egoísmo, un mal negocio

Muchas veces en la vida actuamos de manera egoísta, y es que, por naturaleza, lo somos. El egoísmo nos lleva a pensar primero en nosotros mismos y a olvidar —o decidir olvidar— lo que el otro piensa, siente o padece. Si tuviéramos que definir el egoísmo, podríamos explicarlo así: es buscar mi propio beneficio sin importar el costo o el sufrimiento que otros tengan que pagar. No siempre lo hacemos de forma consciente, pero siempre de manera efectiva.

Uno de los grandes problemas del ser humano es que ve con facilidad los errores ajenos, pero rara vez reconoce los propios. Somos expertos en señalar, pero torpes para autoexaminarnos. En esta historia, Elcana actuará con egoísmo, no solo hacia Ana, sino también hacia su nueva esposa, cuyo nombre es Penina. Más adelante volveremos con mayor detenimiento a este tema.

Por ahora, hagamos un ejercicio sencillo pero honesto. Midamos nuestro propio grado de egoísmo, porque esta historia no solo trata de Elcana, Ana o Penina; también habla de nosotros. Imagina que estamos almorzando y, en la mesa, se encuentra tu comida preferida. Hay varias porciones, pero no todas son iguales. ¿Cuál escogerías: la más grande o la más pequeña?

Tal vez pienses en lo que otros dirían si tomas la porción mayor, así que hagamos la pregunta de otra manera: ¿cuál es la que realmente deseas tomar? Este sencillo ejercicio revela algo incómodo, pero real: todos somos egoístas por naturaleza. Es parte de la deformación del carácter humano causada por el pecado.

El egoísmo, como todo pecado, funciona de manera engañosa. Te muestra solo lo que puedes ganar, pero oculta con cuidado lo que vas a perder y lo que otros tendrán que pagar por tu decisión. El pecado siempre quita. Promete algo atractivo, pero termina arrebatándote todo.

A Elcana le ofreció la oportunidad de tener hijos, pero el precio fue demasiado alto: perdió la paz en su hogar, la relación con Ana quedó destrozada y su familia se llenó de dolor. Con el tiempo, Elcana descubrirá que perdió mucho más lo que aparentemente ganó.

Hacer negocios con el pecado nunca termina bien. Es como cambiar una barra de oro por una de barro: siempre pierdes, aunque la de barro esté bien decorada.

Dado que al egoísta no le interesa lo que sienten los demás ni cómo les va, encontraremos que el egoísmo va a terminar produciendo siempre dos tipos de personas:

1. Las víctimas, que en esta historia serán Ana y Penina, junto con sus hijos.
2. Los victimarios, aquellos que causan daño a quienes ya han sido colocados en la primera categoría. En este caso, Elcana se convierte en uno de ellos, pero no será el único en serlo.

Dicho de esta manera suena duro, y lo es. Nadie quiere verse a sí mismo como victimario, como alguien que hace daño, y mucho menos a quienes dice amar. Sin embargo, la realidad es que las primeras víctimas del egoísmo casi siempre están dentro de la propia familia.

No obstante, la historia no termina ahí. El egoísta tampoco sale ileso. El propio Elcana no será feliz con la estructura familiar que él mismo ha creado. Es cierto que consiguió hijos; pero a cambio perdió la paz, la armonía y la estabilidad de su hogar. El remedio fue peor que la enfermedad.

El pecado siempre intenta dar justificaciones, pero no tiene excusas. Nunca las ha tenido. Promete soluciones rápidas, pero deja heridas profundas. Y aunque al principio parezca que "funciona", al final siempre cobra un precio demasiado alto.

En contraste con el egoísmo, Dios nos ofrece su carácter y nos invita a vivir bajo sus principios. El amor es uno de ellos, también el servicio, el interés genuino por el bien del otro. Todo esto es exactamente lo opuesto al egoísmo. Y no es casualidad: el pecado es lo que queda cuando Dios no está. Quitas a Dios de la vida y lo que aparece no es neutralidad, sino deformación: egoísmo, indiferencia, dureza, daño.

Un matrimonio feliz es aquel en el que cada miembro vive buscando el bienestar y la felicidad del otro. En cambio, la versión distorsionada que el pecado produce presenta al matrimonio como un espacio de conveniencia: "estoy mientras me sirvas, mientras me des, hasta que aparezca alguien que me ofrezca más." Cuando eso sucede, la relación se rompe. Así opera el egoísmo.

Amar hasta el punto de entregarse por completo y, a la vez, recibir ese mismo amor de vuelta no es algo natural en el ser humano caído. Eso solo lo produce Dios y solo puede existir allí donde Él tiene un lugar real. De este principio se desprende una sencilla, pero poderosa verdad: cuando haces felices a los demás, tú mismo terminas siendo feliz.

En la vida todos damos algo. Inevitablemente compartimos amor o rencor, paz o conflicto, esperanza o amargura. Y, tarde o temprano, eso mismo regresa a nosotros. La diferencia entre lo que damos —y lo que recibimos— no está en la suerte ni en las circunstancias, sino en la presencia o la ausencia de Dios en nuestra vida.

Por eso, la decisión más importante que una persona puede tomar no es con quién casarse, dónde vivir o cuánto tener, sino qué lugar va a ocupar Dios en su vida. De esa decisión depende todo lo demás.

Más de dos es un problema

Todos soñamos cosas buenas para la vida, pero no siempre sucede aquello que esperamos. En el caso de Ana, la realidad es dura: no tiene hijos, es estéril y ahora debe compartir a su esposo, aquel con quien pensó pasar toda la vida unida, solo los dos. Nadie desea compartir a la persona que ama, y esto no es egoísmo; así lo estableció Dios.

El matrimonio fue diseñado por Dios para ser la unión de un hombre y una mujer. Cuando aparece un tercero, no es un añadido inocente, es la obra del pecado intentando destruir lo que Dios creó como una bendición y convertirlo en una fuente de dolor. Lo que Dios diseñó para dar vida, paz y compañía, el pecado lo deforma hasta transformarlo en conflicto, rivalidad y sufrimiento.

Ana no solo enfrenta la tristeza de no poder tener hijos, sino también la profunda herida de ver su matrimonio dividido. Esa no era la historia que soñara un día, pero sí la realidad que ahora le tocaba enfrentar. Y como ocurre tantas veces en la vida, el pecado no solo rompe las promesas, también rompe los corazones.

Normalmente nos enfocamos en Ana, la primera esposa, quien debe enfrentar la llegada de una rival porque no ha podido tener hijos. Y es comprensible que simpaticemos con ella. Pero para entender realmente la historia necesitamos también ponernos en los zapatos de Penina.

Como toda mujer, Penina también soñó con un hogar donde fuera amada, con un esposo que la eligiera por quien ella era, alguien con el que pudiera compartir la vida y caminar juntos. Sin embargo, como tantas veces ocurre, la realidad no refleja su sueño. No siempre llega lo que soñamos, por lo menos no en este mundo.

Penina se casa con Elcana, pero no como esposa única, sino como la segunda. Y hay un detalle revelador en el relato bíblico: se nos dice claramente que Elcana amaba a Ana, pero no se dice lo mismo de Penina. Su valor dentro del matrimonio parece reducido a una sola cosa: dar hijos. La pobre muchacha se ha convertido en la práctica en una "fábrica de descendientes". Su esposo no la ama por quien es, sino que es utilizada por lo que ella puede producir.

Esto destruye a cualquier persona. Vivir sabiendo que te mantienen cerca solo porque sirves para algo, no porque seas amada, hiere profundamente la autoestima. Penina también es una víctima cuyos sueños están rotos, destrozados por la realidad que le ha tocado vivir.

Todos necesitamos ser amados por quien somos, no por lo que podamos dar o producir. Y aquí surge una inseguridad todavía más grande: ¿qué pasaría si mañana Penina ya no pudiera darle a Elcana más hijos? Su estatus en la familia es frágil, temporal. No es esposa por la presencia de amor, sino por la utilidad que puede brindar. Es esposa es para que tenga hijos, nada más. Ana es la amada, no ella.

Así, tanto Ana como Penina sufren. Por razones diferentes, pero reales. Una llora por lo que no puede tener; la otra porque lo que tiene no basta para que sea amada. El pecado no crea ganadores, solo deja heridos.

El camino del rencor

Cada año la familia viajaba al lugar donde se encontraba el santuario para ofrecer sacrificios y participar de una comida especial delante de Dios. En ese momento Elcana dejaba en evidencia lo que había en su corazón: a Ana siempre le reservaba una porción distinta, más grande, una señal clara de su amor por ella. A Penina y a sus hijos, en cambio, les daba únicamente la porción que les correspondía.

Es duro describir una relación en la que lo único que puede decirse es que ella "le dio hijos". Una relación sin amor no es una bendición, es una esclavitud que, con el tiempo, termina amargando a todos los que viven dentro de ella.

Siempre que alguien te hiere, te usa o te hace daño, vas a reaccionar de una de dos maneras.

La primera es culpar a alguien y guardar rencor. Cuando eliges este camino, buscas a quién responsabilizar de tu dolor, y muchas veces esa culpa no la paga quien realmente la tiene, sino la persona más débil, la más vulnerable.

Así sucede, por ejemplo, con muchos niños que maltratan a otros en la escuela. Los vemos como abusadores, como agresores, pero con frecuencia ese niño también es víctima de abusos. En casa no es atendido, no es cuidado, no es amado; muchas veces es golpeado, humillado o ignorado. Como no puede enfrentar a quien lo hiere, descarga su dolor contra alguien más débil. Ha elegido el camino del rencor: entregar exactamente lo que ha recibido.

La segunda manera de reaccionar es perdonar y comenzar de nuevo. De este tema hablaremos más adelante, pero es importante adelantar algo: perdonar es fácil de mencionar, lo difícil es experimentarlo. Sin embargo, es la única opción que sana de verdad. Es la única que te libera del pecado, que rompe el ciclo del dolor y que te permite superar la herida sin convertirte en aquello que te dañó.

Penina está herida, y cuando una persona se encuentra herida, termina hiriendo también. Si conoces a alguien que va por la vida lastimando a todos, casi siempre estarás frente a quien ha sido herido una y otra vez, o frente a quien no ha sanado sus heridas del pasado… o ambas cosas. Una persona sana no hiere. La amargura no nace donde hay amor, sino allí donde el amor brilla por su ausencia.

El camino que Penina elige es el del rencor: culpar a alguien de su desgracia y atacarlo justo allí donde es más vulnerable. Pero observa algo importante: Penina no dirige su dolor hacia Elcana, quien es el verdadero responsable de su situación, el hombre que la ve únicamente como una fábrica de hijos. No, ella ataca a Ana, porque Ana es la única a quien puede herir. Y sabe exactamente dónde hacerlo: en su esterilidad.

Mira con atención a dónde conduce el rencor. La víctima termina haciendo con otro exactamente lo mismo que hicieron con ella. Y lo más trágico es que esa otra persona es inocente. Paga por un daño que no causó. Así, el rencor no solo no sana, sino que transforma al herido en agresor, en la copia viva de aquello que tanto detesta. Este camino es devastador. Destruye al que lo recorre y hiere a todos los que se cruzan en su paso.

La palabra *resentimiento* se explica a sí misma: volver a sentir, volver a vivir aquello que nos hizo daño. Eso es exactamente lo que ocurre con una persona resentida, amargada, que guarda rencor. Cada día, cada hora, cada minuto revive la herida que le marcó. No puede avanzar. No puede sanar, porque la herida sigue abierta. El dolor no queda atrás; se repite una y otra vez en un bucle interminable.

Aquí es necesario que te diga esto: hacer daño a otros no sana la herida. Al contrario, la hace más profunda. La venganza nunca termina bien, y cuando se descarga sobre el inocente, el daño es todavía mayor.

En la historia que estamos observando, Penina comienza a maltratar a Ana, su rival. La atormenta constantemente, se burla de ella por no tener hijos, le señala los suyos, los muchos que ha tenido. Pero, sin darse cuenta,

Penina está aumentando su propia herida. Esos hijos que exhibe no sanan su dolor; al contrario, le recuerdan la única razón por la que forma parte de esa familia: no es amada, solo usada. La herida no cierra así. No puede cerrar. Cada burla dirigida a Ana la hace crecer un poco más.

Podríamos pensar que, para Penina, su valor personal depende de tener hijos. De hecho, su actitud lo demuestra: siente que vale porque posee algo que Ana no tiene. Pero el valor de una persona no puede depender de tener algo que otros no poseen. Muchos buscan sentirse valiosos teniendo una casa que otros no tienen. Otros, un automóvil lujoso o un estilo de vida determinado. Pero sea lo que sea, tu valor no puede estar definido por aquello que posees.

Observa la diferencia entre Ana y Penina. Ana es amada por Elcana, pero no puede tener hijos. Penina tiene hijos, pero no es amada. Cada una posee algo que la otra no tiene. Entonces surge una pregunta clave: ¿qué pasaría si Ana llegara a tener hijos? ¿Dónde quedaría el valor de Penina? Y llevándolo a nuestra vida: ¿qué pasaría si pierdes tu dinero, tu casa, tu posición, aquello que hoy te hace sentir valioso? ¿Seguirías viéndote como alguien que tiene valor, o tu identidad está atada a algo que puede perderse en cualquier momento?

El valor de una persona no está definido por los bienes que posee, sino por quién es. Somos hijos de Dios, y eso nos hace especiales, valiosos. Es Dios quien nos da valor, no el reconocimiento de los demás. Por eso, necesitamos dejar de buscar valor en aquello que no tiene poder para otorgarlo y volver nuestra mirada a Dios, quien es el único que realmente nos hace valiosos.

Aquí hay un principio importante: mientras más cerca estamos de Dios, más valor sentimos por ser quienes somos. Y mientras más nos alejamos de Él, menos valiosos nos percibimos. Entonces comenzamos a buscar valor en lo material, en la comparación con otros o en la aprobación de la gente. Ya no nos basta con ser; necesitamos tener, aparentar, competir.

Pero tú no necesitas tener más que tu vecino para valer algo. No necesitas fingir seguridad ni adoptar una actitud orgullosa para que otros crean que te valoras. No necesitas copiar la vida de nadie ni comprar lo mismo que otros para sentirte importante. Y aunque parezca repetitivo te lo vuelvo a decir: tu valor no está en lo que posees, está en quién eres. Y reconocer que somos verdaderamente valiosos solo es posible cuando estamos unidos a Dios. Penina lo había olvidado. Y, tristemente, muchos hoy también.

En cada viaje anual al santuario, la historia se repetía. Penina se burlaba de Ana, y Ana, herida, rompía en llanto y perdía el apetito. Año tras año, la misma escena. Elcana intentaba consolarla: le daba una porción especial de la comida y le recordaba cuánto la amaba. Pero nada de eso lograba sanar la herida. Cuando una persona ha elegido el camino del rencor, solo sabe herir.

Recuerda: la venganza no elimina el problema ni borra el pasado. Guardar rencor no sana el dolor recibido; al contrario, termina por convertirte en la copia de quien tanto daño te ha hecho. Elcana no fue el único responsable del sufrimiento en esta familia. Ahora Penina también se ha sumado. Comenzó siendo víctima, pero decidió convertirse en victimaria.

Hacerles a otros lo mismo que te hicieron a ti no es la solución. Así es como el dolor se perpetúa, pasando de una persona a otra, incluso de generación en generación. Cuando no se sana una herida, se trasmite. El rencor crea un ciclo destructivo que solo produce más daño. Ese ciclo debe terminar, porque si no se detiene, solo deja ruinas a su paso.

Existe una leyenda griega que habla de un corredor célebre. Año tras año ganaba las carreras de velocidad en su ciudad natal. Todos lo admiraban y él, lleno de orgullo, se sentía invencible. Miraba a los demás competidores con desprecio; no eran solo rivales, los consideraba inferiores.

Pero un día todo cambió. La carrera fue dura. El campeón dio todo lo que tenía, pero aun así otro llegó primero. El título cambió de manos. La multitud vitoreaba al nuevo vencedor y cada grito de admiración era una herida en el orgullo del viejo campeón, ahora desplazado, relegado al olvido.

La emoción en la ciudad fue tal que alguien propuso levantar un monumento al nuevo héroe. Así se construyó una estatua y se colocó en el centro de la plaza. Todos podían admirar la fortaleza del campeón. Pero el antiguo corredor no perdonó a quien le había vencido. No pudo aceptar la derrota ni perder la gloria que tanto había amado. Ese día juró venganza.

Como no podía enfrentarse directamente a quien lo había vencido, eligió un camino más oscuro. Destruiría el símbolo de su derrota: la estatua. Cada noche, en secreto, acudía con un cincel y un martillo a golpear la base del monumento. Era un trabajo lento y cuidadoso. No podía hacer ruido sin ser descubierto, así que su venganza avanzaba poco a poco, golpe a golpe, noche tras noche.

Con cada martillazo el rencor crecía y la satisfacción de "hacer daño" a su oponente le animaba a continuar. Paso a paso la obra destructora fue avanzando. A simple vista no se notaba nada, pero la base de la estatua comenzaba a debilitarse. El monumento se había vuelto inestable, peligroso. Hasta que una noche, el golpe final surtió efecto. La estatua cayó.

Pero en la oscuridad, el hombre no pudo escapar. Murió aplastado por el monumento que había jurado destruir. Literalmente, el rencor terminó quitándole la vida.

Esto ilustra con crudeza lo que ocurre con nosotros cuando elegimos guardar rencor. No siempre hay una estatua que caiga sobre nosotros, pero el daño que nos hacemos es real. El resentimiento destruye desde dentro. Se toma su tiempo, pero termina siendo muy efectivo; no para causar daño a quien odiamos, sino para destruirnos a nosotros mismos. Daña tu salud, consume tu mente, enferma tu cuerpo. Hay personas que viven cargando dolencias que nacen del odio, de la amargura, del deseo constante de venganza.

La persona resentida no puede vivir plenamente; sobrevive atrapada en su herida. Vivir en amargura no es vivir. Desear el mal ajeno, aunque sea en silencio, no es vida. Y, aun así, muchos están dispuestos a renunciar a la paz, a la alegría y a la salud con tal de causar, aunque sea un poco de daño a quien odian.

El rencor nunca destruye solo al otro. Siempre termina destruyendo primero a quien lo alberga.

El camino del rencor siempre termina quitándote todo, incluso la vida. Penina eligió ese camino. Todo lo que tenía para atacar a Ana, y canalizar así su resentimiento, era que ella no podía tener hijos. Esa era su arma, su consuelo. Pero ese recurso también se la acabará. Ana tendrá hijos, y Penina perderá incluso lo único que utilizaba para herir.

El rencor nunca construye nada. Este sendero no tiene finales felices. No se vuelve a mencionar a Penina en el relato. No se mencionan sus hijos. La historia no guarda memoria de ellos. En cambio, sí conocemos el nombre del hijo que Ana tendrá: Samuel. Eso es, al final, todo lo que el rencor deja tras sí: vacío, silencio, olvido, dolor.

Este camino es devastador, no solo para quien lo elige, sino también para quienes lo rodean. Muchas personas que parecen duras, frías o crueles, en realidad están gritando por ayuda. Llevan tanto dolor dentro que no saben dar otra cosa que no sea aquello que recibieron. No saben pedir ayuda; muerden en lugar de abrazar, hieren en lugar de hablar. Eso ocurre cuando Dios no ha podido sanar el corazón.

Definitivamente este no es el camino. Al menos no si deseas vivir y ser verdaderamente feliz. No cedas a la amargura. No entregues todo lo que eres, tu paz, tu salud, a cambio causarle una pequeña herida a quien odias. No vale la pena. Y tarde o temprano tu cuerpo y tu mente te lo recordarán.

Alguien dijo una vez que guardar rencor es como intentar matar ratas comiéndose uno mismo el veneno. Y eso es lo que sucede. Tu amargura no daña a las ratas. Solo te destruye a ti.

Sanar es posible

Necesitamos sanar. Y para eso necesitamos el remedio de Dios contra el rencor: el perdón. No cualquier perdón superficial, sino aquel que realmente cierra la herida. Ese es el camino que debemos seguir. Uno cuyo desenlace no depende de nuestras fuerzas, sino de Dios.

Perdonar no es algo natural para el ser humano. No nace en nosotros. El perdón verdadero ocurre cuando Dios está presente en nuestra vida y nos concede ese regalo. Pero hay una parte que sí nos corresponde: pedirlo y darle permiso a Dios para arrancar de nuestro corazón el rencor. El perdón y el resentimiento no pueden coexistir. Siempre tendrás uno u otro, pero nunca ambos al mismo tiempo.

Muchas veces reducimos el perdón a cosas pequeñas: perdonar a quien no nos saludó, a quien derramó agua sobre nuestra ropa, o a quien nos habló mal un día. Pero el perdón del que hablamos aquí es mucho más profundo. Es el perdón que Jesús expresó en la cruz cuando dijo, refiriéndose a quienes lo habían crucificado injustamente y se burlaban de Él: "Padre, perdónalos, porque no saben lo que hacen."[1]

Es relativamente sencillo perdonar al pobrecito que tropezó y te echó un poco de agua en la ropa. Pero perdonar a quien te ha herido profundamente, a quien te destruyó, a quien sigue haciéndolo y sabes que continuaría si tuviera la oportunidad, no es algo que podamos producir por nosotros mismos. Eso es humanamente imposible. Ese perdón no nace del esfuerzo humano; es un don que solo Dios puede dar. Y únicamente cuando viene de Él es real, sanador y liberador.

El perdón no justifica el mal recibido, pero sí libera al que lo otorga. Y solo Dios tiene el poder de hacer eso en nosotros.

El perdón no tiene que ver con el otro, ni con su comportamiento, ni con las decisiones que tome. Muchas veces pensamos que el perdón es condicional, que solo podemos perdonar si la otra persona se arrepiente o reconoce el daño causado. Es cierto que puede resultar más fácil perdonar a quien pide perdón, arrepentido del daño que nos ha hecho. Pero el verdadero perdón no depende de eso.

El perdón tiene que ver únicamente conmigo: con mis sentimientos, con mis emociones y con lo que decido hacer a quien me ha herido. No siempre cambia al ofensor, pero siempre transforma al que perdona. El perdón no libera necesariamente al otro, pero sí me libera a mí. Ahora bien, antes de avanzar, es necesario aclarar qué no es el perdón.

[1] Lucas 23:34

Perdonar no significa exponerte nuevamente al daño. No implica volver con quien te ha herido para que te continúe hiriendo. No es permitir abusos ni justificar el maltrato. Eso no es perdón, es masoquismo, autodestrucción.

Tampoco exige que vayas a decirle a esa persona que la has perdonado. Recuerda: el perdón es un proceso interno; tiene que ver contigo, no es una negociación con el agresor. Quien hace daño necesita arrepentimiento, y eso tampoco lo produce el ser humano, sino Dios.

Aquí entramos en otro punto que confunde a muchos: perdonar no es reconciliarse con la persona que te ha herido. Una vez más te repito: el perdón tiene que ver contigo, no con el otro. Muchos se angustian porque intentan acercase a quien les hizo daño y solo reciben nuevas heridas. Entonces piensan que no han perdonado, porque el otro continúa actuando mal. Pero recuerda, el perdón no depende de la actitud del ofensor, sino de lo que ocurre en tu corazón.

Jesús nos da un ejemplo claro en la cruz. Él oró diciendo: "Padre, perdónalos, porque no saben lo que hacen."[1] No hubo reconciliación allí. Los malvados siguieron haciendo daño hasta quitarle la vida. El perdón no cambió su actitud, pero reveló lo que había en el corazón de Jesús.

Muchas personas han sido abusadas, traicionadas y profundamente heridas, y han llegado a pensar que perdonar implica regresar con quien las lastimó para que siga haciéndolo. Para ellas perdón y reconciliación son lo mismo. No lo son.

La reconciliación es otra cosa. Ocurre cuando quien ha causado el daño se arrepiente, deja de hacerlo, pide perdón y la persona herida decide —libremente— si desea restablecer la relación. Eso es reconciliación. No es perdón. Recuérdalo bien: esta confusión ha costado muchas vidas y heridas innecesarias.

Silvia era una mujer cuyo esposo la golpeaba constantemente. Ella creía que perdonar significaba permanecer con él. A pesar de los consejos que recibió y de haber terminado una vez en el hospital por la gravedad de los golpes, pensaba que denunciarlo sería no perdonar. Para muchos esto

[1] Lucas 23:34

habría sido más que suficiente para romper la relación y separarse. Pero nunca subestimemos la influencia que aquello que creemos ejerce sobre nuestras decisiones. Después de recuperarse un poco, regresó a casa con su agresor. Poco tiempo después perdió la vida a manos de él. No había comprendido lo que era el perdón, y su sinceridad le llevó a tomar una decisión trágica basada en una idea equivocada.

Me gustaría decir que este es un caso aislado, pero no lo es. Muchos todavía creen que perdonar significa reconciliarse. No. Una vez más te lo digo: perdonar no tiene que ver con lo que la otra persona siente, ni con exponerte nuevamente al daño. Perdonar tiene que ver solo contigo. Si alguien te hiere, no insistas en volver para que siga haciéndolo. Y en muchos casos, sanar requiere distancia. Una herida que se abre todos los días no sana; termina destruyendo.

No tengas temor de poner límites y distancia. Dios no te pide que regreses una y otra vez al lugar donde sufres para demostrar que has perdonado. Una vez más te lo digo, al precio de ser repetitivo: eso no es perdón. El perdón ocurre en tu corazón. No se negocia con quien te ha herido. Es un acto de sanidad que Dios obra en ti.

Perdonar tampoco significa negar la realidad. Lo que ocurrió, ocurrió. El pasado no puede cambiarse; ya sucedió. El perdón no borra los hechos, pero sí sana la herida que dejaron. Nuestro cerebro posee mecanismos de defensa que, muchas veces, nos ayudan a olvidar o a recordar el dolor con menor intensidad. El perdón permite que ese proceso ocurra: quita el rencor para que la herida pueda sanar. Puede que recuerdes lo sucedido, pero ya no con odio, sino con paz.

La Biblia lo expresa así: "Ciertamente olvidarás tus pesares; o, si los recuerdas, serán como el agua que ya pasó. Tu vida será más radiante que el sol del mediodía."[1]

Aquí es donde muchos confunden también perdonar con olvidar. Piensan que han perdonado solo si ya no recuerdan lo sucedido. Es cierto que hay experiencias —especialmente las traumáticas— que nuestra mente puede borrar parcial o totalmente. Pero eso no es perdonar. Perdón y

[1] Job 11:16-17

amnesia no son lo mismo. La persona que ha perdonado puede saber lo que pasó y recordar lo sucedido, pero lo hace sin rencor. La herida ha sanado o está en proceso de sanar, aunque las secuelas causadas por lo sucedido continúen allí.

El perdón tampoco elimina la justicia. Hay actos tan graves que requieren consecuencias legales. Perdonar no significa encubrir el delito. Denunciar no es dejar de perdonar. Son cosas distintas.

Si alguien roba, el perdón no le da derecho a quedarse con lo robado. Si alguien abusa, viola o comete un crimen, puede ser perdonado. Pero debe enfrentar la justicia. El perdón sana el corazón del ofendido, pero nunca anula la responsabilidad del ofensor. Cuando, en nombre del perdón, se niega la justicia, no se está actuando con misericordia, sino convirtiéndose en cómplice del mal.

Entonces, ¿qué es perdonar?

Perdonar es elegir no herir a quien te ha herido. Es decidir no devolver mal por mal. Mientras la venganza siga ocupando tus pensamientos, el perdón no puede nacer. El primer síntoma de que el perdón comienza a abrirse camino es que desaparece el deseo de hacer daño a quien te causó dolor u ofensa.

En ese punto la venganza se entrega a Dios para que el perdón sea posible. Quien insiste en cobrarse por su cuenta el daño recibido no puede perdonar. En realidad, está eligiendo el camino del rencor, con todo lo que este trae consigo. El primer paso, entonces, es soltar la venganza y poner la justicia en manos de Dios.

Decirlo es fácil; hacerlo no lo es. No soltamos con facilidad, y mucho menos cuando tenemos la oportunidad de devolver el agravio. Cuando podemos herir y hacer pagar al otro. Tener poder para dañar y elegir no hacerlo no es natural en nosotros. Solo ocurre cuando Dios obra y nos concede ese regalo.

Lo siguiente que hace el perdón en ti es devolverte la capacidad de ver al otro como un ser humano. Cuando odiamos, cuando deseamos herir o vengarnos, lo primero que hacemos es deshumanizar. Usamos frases como: "ese animal" o "esa bestia", porque dejar de ver al otro como persona facilita hacerle daño.

Finalmente, el perdón implica desear el bien a quien te ha herido. Y ese "bien" no significa desear que escape de la justicia para que continúe hiriendo, sino anhelar que se arrepienta, que reconozca su pecado, que sea perdonado y transformado por Dios, de modo que deje de ser una fuente de mal y llegue a convertirse en bendición.

Que ese cambio ocurra no depende de ti, sino de la decisión de esa persona y de la obra de Dios en el corazón. Lo único que puedes hacer es ponerla en las manos de Dios y pedir que Él siga insistiendo, llamando, confrontando, hasta que haya un cambio real. El arrepentimiento verdadero produce transformación, no solo palabras. Cambia la manera de vivir, de actuar, de relacionarse.

Lo primero que debemos aceptar al perdonar es que esto no es natural en nosotros. No intentes hacerlo por tus propias fuerzas, no lo vas a conseguir. No porque no quieras, sino porque no puedes. El perdón no es habilidad humana, es un regalo divino. Deja de luchar, deja de exigirte lo imposible y acepta la realidad. Por mucho que entiendas que es necesario. Por mucho que lo desees, no está en tus manos. El perdón viene de Dios. Por eso, necesitas pedirlo. Pide a Dios que te lo conceda, que quite el rencor y llene ese espacio con su perdón. Solo así comienza la verdadera sanidad.

Quiero compartir una historia contigo que te ayudará mucho a entender todo esto. Marian Rojas Estapé, en su libro Cómo hacer que te pasen cosas buenas[1], cuenta la historia de Mey, una niña de Camboya.

Todo comienza en un centro donde se encontraban niñas que habían sido rescatadas de la prostitución. Las había de cinco o seis años que, a esa temprana edad, ya habían vivido cosas horribles. Todas vestían igual y, al mirarlas a los ojos, se podía percibir lo mismo: tristeza, heridas terribles de un pasado doloroso y cruel.

---

[1] Marian Rojas Estapé, Cómo hacer que te pasen cosas buenas (Barcelona: Espasa, 2018), ePub, cap. "El perdón".

Mientras Marian observa la escena, se le acerca una jovencita risueña que entabla conversación con naturalidad. Es Mey. Tiene trece años y ha llegado al centro hace apenas unos meses. Su actitud diferente llama inmediatamente la atención y da lugar a una pregunta inevitable:

—¿Eres feliz?

Parecería que la respuesta era obvia. ¿Cómo podría ser feliz alguien que ha sido violado y prostituido repetidas veces? Sin embargo, Mey respondió con sencillez y firmeza:

—Ahora sí. Cuando crezca quiero escribir cuentos para niños que hablen de cómo sus padres los quieren y los cuidan, y no los venden para la prostitución.

Palabras duras, especialmente viniendo de una niña de trece años. Pero lo que más llama la atención no es lo que dice, sino cómo lo dice. La manera en la que se refiere al problema de la prostitución despierta una pregunta todavía más profunda: ¿Cómo es que podía hablar de ese tema de la forma en la que lo hacía?

La niña comenzó a contar su historia.

Cuando apenas era una bebé, sus padres murieron. Mey no llegó a conocerlos; al menos, no los recordaba. Fue a vivir con su abuela, quien hizo lo posible por cuidarla. La situación económica era muy dura. Pasaban hambre. De vez en cuando, un misionero indio llegaba por la zona donde vivían y les llevaba algo de arroz. Gracias a eso podían comer y sobrevivir.

Pasó el tiempo. Un día llegó a su casa un hombre extranjero, un empresario. Le dio algo de dinero a su abuela y se llevó a Mey. En la casa de aquel hombre había muchas niñas. Algunas cocinaban, otras limpiaban. Todo parecía normal al principio.

Pero aquel hombre, ya mayor, la llevó a una habitación y allí abusó de ella. Mey gritaba pidiendo ayuda, pero nadie acudió. Nadie vino a rescatarla. Y no fue una sola vez. Fueron muchas veces más.

La niña hablaba sin lágrimas. No mostraba dolor mientras contaba lo ocurrido. Parecía relatar su historia desde lejos, como si perteneciera a otra persona, a otro tiempo. No era un recuerdo fresco en su mente; era una herida antigua que ya no sangraba, pero que había marcado todo su ser.

Los días pasaron y nada cambió. Aquellos días se convirtieron en meses de sufrimiento silencioso. Cada jornada era igual a la anterior, una repetición de dolor sin salida. Hasta que una noche, Mey no pudo soportarlo más. Saltó la cerca y escapó.

No tenía a dónde ir. No tenía familia a la que regresar. Su propia abuela la había vendido. En ese momento, un recuerdo apareció en su mente: aquel hombre indio que, de vez en cuando, llegaba con algo de arroz para que pudieran comer. Era el único gesto de bondad que su memoria conservaba. Y cuando todo lo demás se había derrumbado, ese pequeño recuerdo se convirtió en su única esperanza.

No sabía quién era realmente. No conocía su nombre, ni dónde vivía. Solo recordaba que había sido bueno. Y eso era suficiente para intentarlo.

Ya era de día y Mey se encontraba lejos de la casa donde había sufrido tanto. Caminó y preguntó a las personas si conocían a un hombre indio que ayudaba a otros. Contra toda lógica, finalmente lo encontró. Llegó al lugar donde vivía y allí se quedó por un tiempo.

Aquel hombre era un misionero cristiano. Mey nunca había escuchado hablar de los cristianos. Mucho menos de Jesús. No conocía su nombre, ni su historia, ni sus enseñanzas. Pero estaba a punto de encontrarse con algo que cambiaría su vida para siempre.

Un día, Mey entró en la pequeña capilla del misionero. Allí vio, colgado en la pared, a un hombre clavado en una cruz. La imagen la inquietó. Con curiosidad sincera preguntó quién era y qué había hecho para terminar así.

El misionero le habló de Jesús. Le contó que había muerto en la cruz, que no había cometido ningún mal, pero que los suyos lo habían vendido. Aquellas palabras tocaron algo muy profundo en Mey. Ella también había sido vendida.

Entonces hizo una pregunta que revelaba la herida de su corazón:

—¿Y cómo lo superó?

La respuesta del misionero fue sencilla, pero poderosa:

—Él los perdonó.

En ese momento Mey comprendió que ella también necesitaba perdonar. Pero no podía hacerlo. El dolor, la rabia y la angustia seguían vivos dentro de ella.

Desde ese día, todas las mañanas iba a la capilla. Se sentaba frente a aquel hombre en la cruz de madera y le hablaba. No le pedía explicaciones. Le pedía algo más difícil: que la librara de la rabia, del odio, del peso que llevaba dentro. Pasó tiempo así. La herida no sanaba. La ira seguía allí. Todo parecía igual. Perdonar no es natural en nosotros.

Hasta que un día, sentada en el suelo, algo cambió.

Mey se dio cuenta de que ya no estaba enfadada. No sentía odio. La rabia había desaparecido. Entonces dijo:

—He perdonado al extranjero. Desde ese día mi vida ha cambiado.

Con ayuda del misionero denunciaron al hombre a la policía —porque el perdón no elimina la justicia—. Fue él quien llevó a Mey al centro donde ahora se encontraba a salvo.

Solo el perdón puede sanar

Todos tenemos heridas. No todas son iguales, pero duelen. A cada uno le parece que su dolor es el más grande, hasta que descubre que siempre hay alguien que ha sufrido más. Pero, al final, no importa cuál sea el origen de nuestro sufrimiento ni cuán profunda sea la herida: todos necesitamos perdonar. Solo así podemos comenzar a sanar.

No sé cuáles son tus heridas ni lo que has vivido, pero sé que las tienes. Por eso quiero decirte algo con claridad. En la vida solo existen dos caminos, dos rutas posibles por las cuales andar: el camino del perdón o el camino del rencor. El perdón abre la puerta a la sanidad; el rencor mantiene la herida abierta y convierte el pasado en una prisión permanente. La manera en la que vas a vivir, lo que llegará a ser de tu vida, dependerá de cuál de estos dos caminos elijas recorrer.

Perdonar no cambia el pasado, pero sí cambia tu futuro. No esperes a sentir ganas de hacerlo. Dile a Dios, con tus propias palabras: "No puedo perdonar, pero quiero hacerlo. Dame el perdón que no tengo." Dios responde esa oración.

Elige hoy el camino que sana. Elige hoy el perdón. No porque el otro lo merezca, sino porque tú mereces vivir libre, en paz, y con el corazón restaurado.

CAPÍTULO 7

María

El día avanzaba y en la casa de María, Marta y Lázaro se había reunido un número considerable de personas. Jesús y sus discípulos estaban allí. Habían llegado para descansar. Aquella casa, en Betania, era un refugio para Jesús. Entre esas paredes podía desconectar por un momento de la presión constante de los fariseos, quienes lo seguían a todas partes buscando algo que pudieran usar para condenarlo.

Los tres hermanos, que vivían juntos en esa casa, eran una bendición tanto para Jesús como para sus discípulos. Encontrar un lugar amigo, un espacio donde uno es recibido con el corazón abierto, no era común en aquellos días, y tampoco lo es hoy.

Tener un sitio al que puedas llegar sin máscaras, donde puedas ser tú mismo, ser aceptado tal como eres y amado con sinceridad, es un verdadero tesoro. Algo así debe ser cuidado con esmero, no se encuentra todos los días.

Escuché una vez a alguien decir que la hipocresía forma parte de la educación. Muchos no solo creen esto, sino que lo convierten en una práctica común en sus vidas. La realidad nos demuestra que abundan las personas que viven detrás de una fachada. Decimos lo correcto, mostramos lo que se espera, pero ocultamos lo que realmente somos. Por eso, un lugar donde no te hace falta fingir, donde no hay que aparentar nada, se convierte en un descanso para el alma.

Es así como, cuando llegas a una casa donde las personas se alegran sinceramente de verte, lo sientes de inmediato. Te sientes en paz. Disfrutamos estar entre amigos verdaderos, entre aquellos que nos aman y que realmente desean nuestra presencia. Pero lugares así no son comunes.

Y eso era aquella casa para Jesús: un espacio seguro en medio de un mundo hostil, un hogar donde realmente era amado. Una casa donde, quienes lo recibían, realmente deseaban su compañía. La casa de María, Marta y Lázaro era una de las pocas en Israel donde podía entrar y encontrar cariño genuino, aceptación sincera y descanso para el alma. Por eso amaba llegar allí.

La historia de este capítulo no solo nos invita a observar, sino también a reflexionar. Sé una persona en la que Dios pueda habitar, para que tú y tu casa se conviertan en ese lugar distinto, ese refugio escaso y precioso que sea una bendición para otros.

Regresando a Betania. Los presentes, como espectadores atentos, dirigían toda su atención al lugar donde se encontraba Jesús hablando sobre el reino de Dios. No se escuchaban los murmullos habituales de un grupo animado. Había silencio. Un silencio lleno de atención, de respeto, de corazones abiertos que disfrutaban cada palabra que salía de la boca del Maestro.

Mientras Jesús continúa hablando, María comienza a acercarse poco a poco al grupo, hasta que finalmente se sienta entre los demás para escucharle. Marta, su hermana, permanece ocupada con los preparativos. La comida no se hará sola. Alguien debería sacrificarse para que, cuando Jesús terminara de hablar, el almuerzo esté listo. Marta sentía que no tenía tiempo para detenerse a escuchar; había responsabilidades que cumplir.

Hay un momento en el que ella se da cuenta de que nadie la ayuda —ni siquiera su propia hermana—, se detiene y observa la escena: María está sentada, escuchando a Jesús, como si nada más importara. La molestia crece. La frustración se convierte en enojo. Entonces interrumpe y le pide a Jesús que le diga a María que vuelva a ayudar.

La respuesta no es dura, sino llena de cariño, pero encerrando una gran verdad: "Marta, Marta, estás afanada y turbada con muchas cosas; pero solo una cosa es necesaria. María ha escogido la mejor parte, y no le será quitada."[1]

Ahora bien, me gustaría decirte que la sinceridad de María y su deseo de conocer más de Dios la llevaron por un camino hermoso en la vida. Pero no fue así. María va a cometer errores. Grandes errores. Porque las personas sinceras, las que aman a Dios, también fallan.

La vida nos da la libertad para elegir, y eso es un regalo de Dios. Pero toda libertad trae consigo una responsabilidad, porque siempre cosechamos lo que sembramos. Las decisiones producen resultados.

Si cuidas tu cuerpo, haces ejercicio, comes de manera saludable y bebes suficiente agua, puedes esperar una mejor salud que si no lo hicieras. Si eliges buenas amistades, descubrirás que ellas te ayudarán a crecer y a convertirte en una mejor persona. Cada decisión que tomamos va trazando el camino por el que andamos.

Siempre llega el momento en el que los resultados aparecen. Y la historia de María nos recordará algo importante: amar a Dios no garantiza que siempre decidamos bien, pero sí nos da la oportunidad de levantarnos cuando decidimos mal.

Muchos toman buenas decisiones y les va bien. Otros, por el contrario, se equivocan y quedan heridos; cargan cicatrices por la vida, señales visibles de sus batallas y caídas. La realidad es que todos, en algún momento, fallamos. Por eso, de una manera u otra, todos estamos heridos.

La cuestión no es si nos equivocamos o no, porque eso es inevitable. La verdadera pregunta es qué haremos con esas heridas. Permanecer en ellas nos destruye; sanarlas nos devuelve la vida. La historia de María nos muestra lo que ocurre cuando una persona buena se equivoca, pero también —y esto es lo más importante— nos enseña lo que sucede cuando alguien herido se encuentra con Jesús.

---

[1] Lucas 10:41-42

Allí, en Betania, cerca de la casa donde Jesús solía hospedarse, vivía un hombre muy relacionado con María, Marta y Lázaro. Su nombre era Simón, fariseo y líder en la sinagoga local. Simón se caracterizaba por una rigidez extrema en cuanto a las reglas y a lo que él consideraba fidelidad a Dios. No se mezclaba con personas a las que juzgaba pecadoras o de moral dudosa. Cuidaba de su reputación con celo. Solo se rodeaba de gente "bien vista", de buen nombre, respetable a los ojos de los demás.

No era casualidad que fuera fariseo. Ellos se llamaban a sí mismos "los separados", convencidos de que mantenerse lejos de los pecadores los hacía más santos. Nunca los verías con alguien cuyo pasado fuera cuestionable. Sentían, literalmente, que la sola cercanía con una persona "impura" los contaminaba.

Ten cuidado con los extremistas. Con quienes se creen más santos que los demás. Con los que no se acercan a quienes consideran una mala influencia o a personas de dudosa moral. Nada bueno nace del extremismo. El extremista suele tener uno de estos dos problemas —y a veces ambos—: o no ha comprendido el evangelio ni ha conocido realmente a Dios, o está ocultando los mismos pecados que condena en otros. De hecho, nunca somos más duros y puritanos que cuando estamos fingiendo ser lo que no somos. No hay nadie más severo que quien vive escondiendo su propia culpa.

Simón se siente atraído por María. Ella es una joven hermosa, noble, sincera, que ama a Dios y, sobre todo, inocente. Aprovechando su cercanía con la familia y su posición de autoridad como líder religioso, Simón la conduce al pecado. Su conciencia, endurecida por la hipocresía, apenas reacciona. Para él no hay remordimiento.

Pero para María la experiencia es completamente distinta. Su conciencia no la deja en paz. No puede cargar con lo que ha hecho, como lo hace este hombre que aparenta tanta consagración. El peso de la culpa la aplasta por dentro.

Incapaz de soportar la presión y el dolor, María huye. Cree que alejándose el problema desaparecerá. Pero los problemas no se evaporan por cambiar de lugar. Una mala decisión no se corrige tomando otra peor. Un error no se arregla cometiendo uno nuevo.

María huye porque no puede sostener la mirada de nadie. Se siente indigna, sucia, pecadora. La culpa la empuja a esconderse, a desaparecer. La joven sincera que amaba a Dios, pero que ahora se siente quebrada, comienza a encadenar una mala decisión tras otra. El pecado te arrastra. Un error conduce a otro, y luego a otro más, en un descenso lento pero constante. Así actúa: empuja cada vez más abajo… hasta que Dios sale a tu encuentro.

Simón, en cambio, no huye. No siente nada. Continúa con su vida como si nada hubiera pasado, fingiendo la misma santidad de siempre. Ocupando el mismo lugar de respeto y autoridad. Su condición es aún más grave que la de María, porque mientras ella sufre y es consciente de su pecado, él no siente remordimiento alguno. Y no hay estado más peligroso para el ser humano que pecar y no sentir culpa.

María busca un lugar lejos de Betania para ir a vivir. Huye no solo de las personas, sino también de sí misma. Llega a una aldea llamada Magdala. No es precisamente el lugar más espiritual de Israel, ni mucho menos. Magdala era conocida por su inmoralidad, por sus burdeles y por la mala fama que la rodeaba. Y allí es donde María termina: de caída en caída, de pecado en pecado. La gente buena también se equivoca cuando se aleja de Dios, y puede llegar muy lejos en el camino del error.

Magdala

En Magdala, María comienza a hacerse conocida, pero no por algo bueno. Su nombre empieza a cargar con una reputación que ella misma desprecia, pero de la que ya no sabe cómo escapar. Así ha terminado. Ya no es la joven inocente que amaba escuchar a Jesús. Ahora su nombre describe aquello en lo que se ha convertido. María Magdalena no es el nombre de alguien procedente de un lugar noble o respetado, sino de alguien marcado, herido, manchado. Con solo mencionarlo, todos sabían de dónde venía y lo que eso representaba. Su nombre le asociaba con la corrupción de lugar… esa en la que ahora estaba atrapada.

Si alguien la viera en este momento, no la reconocería. ¿Habrá esperanza para ella?

Muchas veces miramos a personas como María. Sabemos de dónde vienen. Conocemos su pasado, su familia, sus errores, y concluimos que ya no hay salida. Que todo está perdido. Que no vale la pena intentar nada más. Pensamos que un cambio no es posible, que ni siquiera una mejora puede darse.

¿Puede quedar algo bueno todavía en alguien que vive como María está viviendo?

Muchas veces, aquellos de quienes creemos que ya no tienen solución son, en realidad, personas heridas. Que anhelan algo distinto, algo mejor, pero que no saben cómo salir del lugar en el que están. No saben cómo enfrentar sus errores, cómo manejar su culpa, y llegan a convencerse de que no existe otra opción para ellos que seguir viviendo así. Nadie cree en ellos. O, peor aún, ellos mismos ya no creen que algo bueno pueda llegar. Se sienten demasiado sucios, demasiado rotos, demasiado lejos como para imaginar que un nuevo comienzo es posible.

Son personas que no necesitan sermones ni condenas, sino un amigo sincero. Alguien que esté dispuesto a llegar hasta donde se encuentran. A mirarlos a los ojos sin desprecio. A amarlos allí mismo. Alguien que les ayude a reencontrarse con Dios y les muestre lo que significa tratar a una persona por quién es, y no por lo que ha hecho.

Dios actúa así con nosotros. Él no nos trata como merecemos, sino como necesitamos. Y lo hace porque nos ama. Cuando alguien es verdaderamente importante para ti, no dejas de amarle por sus errores. Sigues amando, aun cuando duela. Porque amar implica sufrir cuando la persona amada se hace daño a sí misma, cuando elige mal, cuando se pierde en caminos que la destruyen.

Quien ama de verdad desea lo mejor para el otro. Eso es lo que Dios quiere para nosotros. Su amor no es indiferente ni permisivo. No es un amor que mira hacia otro lado fingiendo que nada pasa. Es un amor que se involucra, que duele, que insiste, que busca, que hace todo lo posible por sacarnos del abismo autodestructivo y desesperante en el que el pecado nos deja.

Un día Jesús pasa cerca de Magdala y allí se encuentra con una muchacha cuyo rostro está desencajado, deformado por el tormento que experimenta. Sus gestos transmiten desprecio, dolor, vacío. Su mirada es fría. Es María. Ahora está endemoniada; así ha terminado. Jesús llega y no finge no haber visto nada. No mira hacia otro lado o pretende no reconocerla. Ha venido por ella. La sana, la restaura, la libera del poder que la atormentaba. Le devuelve la dignidad, le ofrece una nueva oportunidad para comenzar de nuevo. La invita a regresar a casa.

Pero María no escucha. No porque Jesús no haya sido claro, sino porque ella no está lista. Tal vez no es sincera consigo misma. Tal vez no quiere regresar. Tal vez siente que no puede volver después de todo lo que ha hecho. Su nueva vida todavía la atrae, a pesar de lo que esa vida ha hecho con ella. A veces no aprendemos con los primeros golpes, y es necesario uno todavía más fuerte para que despertemos.

María no parece darse cuenta de dónde está ni de cómo ha terminado. Ese es uno de los efectos más peligrosos del pecado: te deja ciego. No ves tu situación real, no eres consciente del daño que te estás haciendo. Crees que todo van bien, que tienes el control, que nada es tan grave… cuando en realidad tu vida se está cayendo a pedazos.

María puede prometer que va a cambiar, puede incluso desearlo con sinceridad. Pero no todo es tan sencillo como parece. Es más fácil decir "quiero cambiar" que hacerlo. No puedes ser una persona diferente si sigues en el mismo lugar, rodeada de la misma influencia que te llevó hasta allí. Ser una nueva persona requiere cambios reales. No se obtienen resultados distintos haciendo siempre lo mismo.

María no se va de Magdala. Se queda. Y lo que ocurre después es fácil de imaginar: vuelve a sus andanzas, regresa a sus pecados y también a la misma condición de la que Jesús la había liberado.

Dios puede llegar a tu vida y transformarte, hacerte una nueva persona, darte un nuevo comienzo. Pero si insistes en seguir igual, terminas otra vez donde estabas… o peor. No se trata solo de encontrarte con Jesús. Es necesario permanecer con Él. Solo así es posible mantenerse libre.

Una vez más Jesús vuelve a pasar por aquel lugar y, una vez más, la encuentra en la misma condición que la primera vez: endemoniada. María es sanada otra vez. Quisiera decirte que en esta ocasión aprendió la lección, que escuchó a Jesús, que regresó con sus hermanos a Betania y salió definitivamente de ese mundo en el que se había perdido… pero no fue así.

Una y otra vez el mismo ciclo se repite. Ella no aprende, no parece escuchar, o tal vez sí desea ser diferente, pero simplemente no puede. Y eso también ocurre. Pasa muchas veces. ¿Has estado luchando por dejar algo que sabes que no está bien, pero no logras librarte de ello? Entonces entiendes exactamente por lo que María está pasando.

En siete ocasiones distintas Jesús la libera del poder de los demonios que la dominaban. Si hubiéramos sido nosotros, probablemente ya nos habríamos dado por vencidos después de la tercera o la cuarta vez. Pero Dios no es como nosotros. A pesar de que María no aprende todavía, Dios sigue luchando por salvarla de sus muchos pecados.

Eso mismo hace con nosotros. Llega una y otra y otra vez. No importa si otros ya perdieron la fe en que podamos cambiar, en que podamos ser una mejor persona. Dios no se rinde tan fácilmente. Insiste hasta que logra rescatarnos… o hasta que definitivamente lo echamos fuera de nuestra vida.

Siete veces Jesús encuentra a María endemoniada y siete veces la sana. Pero, no es solo ella. También nosotros pasamos por lo mismo. ¿Cuántas veces Dios ha luchado contigo? ¿Cuántas veces ha vuelto para buscarte? ¿Cuántas veces te ha sacado del mismo pozo?

Si no aprendemos de nuestros errores, los repetimos. Una y otra vez. Hasta que finalmente aprendamos… o hasta que esos errores terminen destruyéndonos.

***

En Jerusalén

Ha pasado tiempo desde la última vez que Jesús encontró a María en el estado tan terrible en el que se hallaba. Ahora la escena se traslada a Jerusalén. Allí, un grupo de fariseos ha decidido tenderle una trampa a Jesús, una de la que —según ellos— no podría escapar.

María es la elegida. Tal vez por "casualidad", o quizá porque alguien sabía que Jesús la conocía y pensó que eso facilitaría el plan. Lo cierto es que la joven cae en la trampa sin siquiera darse cuenta. El pecado te deja ciego. Así de ciego. Te convence de que las consecuencias nunca van a llegar, hasta que llegan.

Uno de los implicados en esta conspiración —cuyo verdadero objetivo era obtener una acusación contra Jesús para desacreditarlo y condenarlo a muerte— concierta un encuentro con María en una casa de Jerusalén. Ella cree que va a encontrarse con un hombre; pero en realidad, es considerada un objeto desechable dentro de una trama cuidadosamente planeada.

Un grupo de fariseos permanece oculto, listos para ser testigos del acto. No llegarán ante Jesús con rumores ni chismes: quieren presentarle un pecado cometido "en flagrancia", uno que, según la ley, merece la muerte. Jesús quedará atrapado: o condena a María, o viola la ley. No parece haber una salida buena.

Justo en el momento en que el adulterio se consuma —pues el hombre implicado era casado— los acusadores salen de su escondite. El cómplice es dejado en libertad; María, en cambio, es apresada y llevada ante Jesús. No esperes respeto ni compasión: la tratan con desprecio, se aseguran de dejar claro cuán grande era el pecado que había cometido. La mantienen con vida, pero solo hasta llegar a donde está Jesús.

Una vez frente a Él, anuncian con tono triunfal que la mujer ha sido sorprendida en el acto mismo del adulterio. No es una suposición, no es un "nos dijeron". "Estábamos allí y la vimos". Acto seguido, le recuerdan a Jesús que la ley de Moisés ordena apedrear a mujeres como ella. En realidad, la ley exigía que ambos culpables fueran condenados, pero esos "detalles" no parecen importarles ahora.

Jesús los observa con calma. Él conoce perfectamente todo lo que ha ocurrido; nadie puede ocultarle ni sus pensamientos ni sus verdaderas intenciones. Sin decir una palabra, se inclina y comienza a escribir en el suelo. Luego se incorpora y pronuncia una sola frase: "el que esté libre de pecado, sea el primero en arrojar la piedra".[1] Después vuelve a inclinarse y continúa escribiendo.

Los presentes entienden de inmediato lo que está sucediendo. Al leer lo que aparece en el suelo —a la vista de todos— comienzan a ver escritos los pecados que ellos mismos ocultan. No pueden soportarlo. Uno tras otro se retiran del lugar, comenzando por los más viejos y terminando por los más jóvenes. No hay registro bíblico de lo que Jesús escribió, pero no es difícil imaginar que aquello expuesto era demasiado vergonzoso como para permanecer allí.

Finalmente, Jesús se levanta. Mira a su alrededor. No queda nadie. Ninguno de los acusadores está allí.

La ley de Moisés también establecía que solo por el testimonio de dos o tres testigos podía condenarse a una persona a muerte, así que Jesús le pregunta a la mujer:

—¿Dónde están los que te acusaban? ¿Ninguno te condenó?
—Ninguno, Señor —responde ella.

Entonces Jesús le dice:

—Yo tampoco te condeno. Vete, y no peques más.[2]

Estas palabras no son una aprobación del pecado ni una invitación a seguir viviendo lejos de Dios. Jesús no vino a salvarnos con nuestros pecados, sino del pecado. Pero Dios no trata de la misma manera al pecador endurecido y rebelde que a quien ha caído, pero aún puede ser rescatado porque no se ha cerrado completamente a la obra divina.

En ocasiones, Dios permite que descendamos muy bajo antes de poder salvarnos. A veces solo cuando estamos rotos, ya inservibles, cuando la

---

[1] Juan 8:7
[2] Juan 8:10-11

muerte nos mira de frente, abrimos los ojos y entendemos que no se puede seguir viviendo así.

María no había aprendido antes, o al menos no había sentido la urgencia de cambiar. Pero ahora, frente a la muerte, finalmente comprende. Se va de allí, pero no regresa a Magdala. Vuelve a casa, a Betania. Ha sido salvada literalmente de morir y no piensa desperdiciar esa oportunidad.

Este fue el momento en el que su vida cambió. Finalmente, aquello que Dios había comenzado a hacer en ella mucho tiempo atrás empieza a dar fruto.

En 2 Corintios 5:17 encontramos este poderoso mensaje: "Por lo tanto, si alguien está en Cristo, es una nueva creación; las cosas viejas pasaron; he aquí, todo es hecho nuevo."

Eso es exactamente lo que ocurre cuando una persona se encuentra con Jesús. Hay un antes y un después. Un punto claro en el camino donde el pasado queda atrás y una nueva vida comienza. No se trata de un simple cambio de conducta, sino de un inicio real. La página manchada por errores, culpas y caídas es cerrada, arrancada, y en su lugar Dios abre una página en blanco.

Los seres humanos no creemos en estos nuevos comienzos, al menos no cuando se trata de otros. Marcamos a las personas, las etiquetamos, y una vez que colocamos esa marca rara vez la quitamos. Recordamos los errores ajenos aun cuando decimos haber perdonado. Pero Dios no actúa así.

Dios sí da nuevos comienzos. Él perdona de verdad. Cuando nos recibe, no nos trata según lo que hicimos, sino según lo que Él hace en nosotros. El pasado es perdonado, no usado como arma ni recordatorio constante. Para Dios, quien está en Cristo no es "alguien con un pasado", sino una nueva criatura. Eso es gracia. Un nuevo comienzo, uno real.

María regresa a Betania y en casa es recibida con los brazos abiertos. Sin embargo, recuerda algo importante: nosotros no solemos perdonar el pasado, y cuando se trata de otros, lo recordamos muy bien. La mala fama de María la acompañaba a todas partes. Ya no era la mujer que un día había sido, pero ante los ojos de muchos seguía siendo "la pecadora", alguien a quien nadie respetable debía acercarse.

Faltaban pocos días para la fiesta de la Pascua. Muy pronto Jesús estaría muriendo en la cruz. Pero por ahora, una vez más, se encontraba en Betania, en el mismo lugar donde esta historia había comenzado. Entonces llega un mensajero con una invitación inesperada: un fariseo llamado Simón lo invita a cenar en su casa. Es el mismo Simón del inicio de la historia, el hombre que había llevado a María al abismo del que tanto le costó salir.

Resulta, que después de aquel episodio, Simón había contraído lepra. Jesús también lo encontró y lo sanó. Ahora, en una mezcla de gratitud y conveniencia, Simón invita a Jesús a su casa. Sin embargo, para no quedar mal con sus amistades fariseas, decide tratarlo sin el honor que se debía conceder a un invitado. No quería comprometer su reputación.

En aquella cultura, recibir a alguien implicaba gestos claros de respeto. Al llegar, se lavaba los pies del invitado, pues al caminar con sandalias abiertas por caminos polvorientos, los pies quedaban sucios. Pero nada de eso se hizo. Nadie lavó los pies de Jesús. Con este gesto, o más bien con esa omisión, Simón dejó claro que no sentía verdadero respeto por Él. No lo honraba como maestro ni como Señor; simplemente estaba "pagando un favor".

La cena se desarrollaba según la costumbre de la época: todos reclinados en el suelo, formando un círculo alrededor de la comida, con los pies hacia afuera. Allí estaban Lázaro y Marta. Simón era cercano a la familia, y los sucesos del pasado se habían mantenido en silencio. María nunca contó lo que realmente la había llevado a tomar las decisiones que tomó. Ese secreto lo conocían solo tres personas: María, Simón… y Jesús.

Y es que nada puede ocultarse de Dios. Él conoce la historia completa, incluso aquello que nadie más se atreve a mencionar.

El Espíritu de Dios había estado trabajando en el corazón de María. No era un impulso momentáneo ni una emoción pasajera. Era gratitud. Gratitud por haber sido buscada cuando estaba perdida, por haber sido perdonada cuando se sentía indigna, por haber sido rescatada cuando nadie más creía que tenía solución.

En medio de la cena, mientras las conversaciones fluían en un ambiente cargado de formalidad. Sin que nadie lo note, María se escabulle y se acerca a Jesús con un frasco de perfume muy costoso, cuyo valor equivalía al salario de trescientos días de trabajo. No era un gesto pequeño. Era un sacrificio.

Se arrodilla a sus pies. Sin decir palabra, rompe el frasco y derrama el perfume sobre los pies de Jesús. El aroma llena toda la casa. Entonces comienza a llorar. No son lágrimas de vergüenza esta vez, sino de agradecimiento. Las lágrimas caen sobre los pies de Jesús y se mezclan con el perfume. No tiene toalla. No busca ayuda. Con humildad, suelta su cabello y con él seca los pies de Aquel que la había salvado.

Acaba de hacer lo que Simón debió haber hecho y se negó a realizar. Simón no había querido honrar a Jesús. María, en cambio, tomó voluntariamente el lugar de una sierva. La que había sido señalada como impura ahora sirve con el corazón limpio. Su gratitud era inmensa porque inmenso era el perdón que había recibido.

Simón observa la escena con desprecio. En su mente continúa viendo a María como lo que fue. Para él, su pasado la define: "Si este fuera profeta", piensa, "sabría qué clase de mujer es".[1] No la ve restaurada, sino como contaminante. Cree que su sola presencia ensucia el ambiente. Por eso no la había invitado a la cena como sí lo había hecho con Lázaro y Marta.

Pero Jesús conoce los pensamientos que nadie se atreve a pronunciar. Podría haber expuesto a Simón delante de todos. Podría haber revelado quién fue realmente el responsable de la caída de María. Podría haber arrancado la máscara de santidad que él llevaba puesta. Pero no lo hace. Incluso ahora, Jesús sigue intentando salvarlo.

Con calma, defiende a María delante de todos. Explica que quien mucho es perdonado, mucho ama. Con una historia señala la diferencia entre la frialdad religiosa de Simón y el amor sincero de aquella mujer que, según este, no merecía estar allí. Jesús, con sus acciones, recuerda lo que ya había dicho: vine a buscar y a salvar lo que se había perdido.

---

[1] Lucas 7:39

María tuvo un pasado, sí. Pero ese pasado había sido perdonado. Y esa noche sale de aquella casa con algo que nadie puede comprar: la seguridad del perdón y la aprobación de Dios. Ya no era más definida por su caída. Ahora lo era por la gracia.

El cambio en la vida de María ha sido enorme, casi imposible de explicar con palabras humanas. De ser considerada por aquello que había hecho tiempo atrás, pasó a ser mencionada como una de las mujeres que seguían a Jesús. No era una seguidora superficial. No estaba allí por curiosidad o conveniencia. Estaba porque había sido transformada.

Cuando llegó la hora más oscura, cuando la cruz se levantó y el miedo dispersó a muchos de los que decían ser discípulos, María no huyó. Mientras algunos se escondían detrás de puertas cerradas, ella permanecía allí, mirando desde lejos junto con otras mujeres fieles. No podía hacer nada para detener lo que estaba ocurriendo, pero no se fue.

Estuvo presente cuando el cuerpo sin vida de Jesús fue bajado de la cruz. Estuvo también cuando lo colocaron en el sepulcro aquel viernes al caer la tarde. Vio dónde lo pusieron. Observó cada detalle. El mismo Jesús que la había levantado del polvo ahora yacía inmóvil.

El domingo, antes de que saliera el sol, María se levanta junto con otras mujeres. Llevan especias aromáticas. Quieren terminar lo que no pudieron hacer el viernes, porque el día santo estaba por comenzar. No van esperando un milagro. Van a llorar, a servir, a despedirse una vez más.

Sin embargo, la piedra está removida. La tumba está abierta. El cuerpo de Jesús no está. El dolor se mezcla con desconcierto. ¿Quién se ha llevado al Señor?

Y entonces sucede lo impensable.

Es María la primera persona a quien Jesús se aparece después de resucitar. No Juan. No Pedro. No ninguno de los discípulos que habían caminado con Él durante años. Es María. La misma que había sido señalada. La misma que había caído. La misma que había necesitado ser rescatada una y otra vez. A ella se le concede el privilegio más grande:

anunciar a los discípulos que Jesús vive, que la muerte ha sido vencida, que la promesa se ha cumplido. ¡Jesús ha resucitado!

No se trata de merecimiento, sino de gracia. Todos habrían querido ser los primeros en proclamar la resurrección. Pero Dios eligió a quien muchos todavía miraban con sospecha. Eligió a la que el mundo había marcado. Porque Dios no escribe historias como nosotros lo hacemos.

Muchos se avergonzarán de ti por tu pasado. Te recordarán quién fuiste, por lo que hiciste, por dónde caíste. Te etiquetarán. Te señalarán. Te medirán por tus errores. Dios no. Él te trata como nadie jamás lo hará. Nunca se va a dar por vencido contigo. Luchará por ti. Insistirá. Volverá a buscarte. Te levantará tantas veces como sea necesario. Y cuando finalmente la gracia haya terminado su obra, hará contigo algo que nadie habría imaginado posible. Y eso es lo que vamos a ver ahora...

Existe en Japón un arte llamado kintsugi. Consiste en reparar vasijas de barro que se han roto. Cuando un objeto de cerámica se quiebra, la mayoría lo considera inservible y lo desecha. Al fin y al cabo, ya no es lo que era: solo quedan pedazos de lo que un día tuvo forma y utilidad.

A veces, sin embargo, esa vasija era valiosa para nosotros. No queremos perderla, aunque sepamos que ya no será igual. Podemos intentar pegarla con un adhesivo, procurando que las grietas no se noten demasiado. Pero, por más cuidado que tengamos, nunca quedará como al principio. Tal vez conserve valor sentimental, pero difícilmente volverá a verse como una pieza valiosa.

Aquí es donde aparece el kintsugi. Este arte no intenta ocultar las grietas; hace exactamente lo contrario. Las resalta. Las fisuras se rellenan con una mezcla que contiene oro, creando líneas brillantes que contrastan con la cerámica. Lo que antes era una fractura ahora se convierte en el detalle más hermoso de la pieza. La vasija no es reparada: sino que es transformada en una obra de arte aún más valiosa que antes de romperse.

Eso es precisamente lo que Dios hace con nosotros. Él no te rompe para luego arreglarte. Te toma ya roto. Te encuentra cuando sientes que no sirves, cuando piensas que tu historia está arruinada, cuando crees que solo quedan fragmentos de lo que un día pudo haber sido algo hermoso. Y con esos pedazos hace algo nuevo.

Cuando Dios nos restaura, cuando nos perdona y nos da una nueva vida, no borra mágicamente cada consecuencia. No produce amnesia en quienes nos conocen. Las marcas pueden permanecer allí. Solo que esas grietas, esas marcas, dejan de ser un símbolo de derrota y se convierten en el testimonio de lo que Dios ha hecho en nosotros.

Algunos llevamos más grietas; otros, menos. Pero todos las tenemos. Recuerda: ellas no son la evidencia de tus derrotas, de tu fracaso. Son la prueba de que Dios no te abandonó cuando estabas roto.

No tienes que reparar tu vida antes de acercarte a Dios. No tienes que presentarte perfecto para que Él te considere valioso. María no lo hizo. No se arregló primero para luego buscar a Jesús. De hecho, fue Jesús quien la encontró a ella: hecha pedazos, avergonzada, marcada. E hizo de ella una obra de arte. Tomó una mujer despreciada y la perdonó. Le dio una nueva vida y la convirtió en el testimonio de lo que Dios hace cuando nos encuentra.

Aquí quiero decirte algo: No eres amado por la ausencia de heridas. Eres amado porque quien eres. Y eres un hijo, una hija, de Dios. Tal vez hoy solo tengas pedazos. Tal vez mires tu historia y no veas nada que valga la pena rescatar. Es suficiente. Solo entrégale a Jesús esos pedazos. En sus manos, las grietas no se ocultan. Se llenan de oro. Y lo que parecía ruina… se convierte en arte.

En las manos de Dios, incluso tu historia puede brillar.

www.ingramcontent.com/pod-product-compliance
Lightning Source LLC
LaVergne TN
LVHW010904110826
845149LV00005B/1468

9798999771230